CONTES
FANTASTIQUES

SÉLECTION, NOTES ET EXERCICES VALÉRIE DURAND

RÉVISION LAURENCE OLLIER
EDITING SYLVIE PROSER
COUVERTURE PAUL CÉZANNE, "LE GRAND PIN"

La Spiga languages

Notice sur Charles Nodier

Charles Nodier est né à Besançon, en Franche-Comté, le 29 avril 1780. Son vrai nom est Jean-Charles Emmanuel Nodier. C'est un célèbre écrivain romancier français et aussi un membre de l'Académie Française, l'institution littéraire la plus prestigieuse de France.

Très tôt, son père le pousse à étudier les lettres et les langues anciennes et il se montre particulièrement doué. Il publie ses premiers poèmes et quelques petites œuvres dès l'âge de 18 ans. Il commence à travailler comme bibliothécaire dans le département du Doubs et continue à écrire. En 1803, il publie une critique de Napoléon (un pamphlet appelé la Napoléone*) et est emprisonné pendant un mois. En 1808, il rencontre Désirée Charve et se marie.*

*En 1813, il devient bibliothécaire à Ljubljana, aujourd'hui capitale de la Slovénie et il est fasciné par les légendes fantastiques sur les vampires du folklore slovène. Il écrit alors de nombreux récits fantastiques (*Jean Sbogar *en 1818,* Smarra ou les Démons de la nuit *en 1821) et des pièces de théâtre (le* Vampire *en 1820). Il adore également les romans gothiques anglais qui sont très à la mode à cette époque.*

Il se passionne aussi pour l'étude des langues et de l'histoire et publie plusieurs études importantes (comme Examen critique des dictionnaires de langue française *en 1828, ou encore* Les Philadelphes. Histoire des sociétés secrètes de l'armée *en 1815).*

Il rentre à Paris en 1814 et devient journaliste au Journal des Débats. *Il obtient la prestigieuse Légion d'honneur en 1822.*

Il devient bibliothécaire de l'Arsenal en 1824, une des grandes bibliothèques de Paris, où il travaille jusqu'à sa mort. Il continue à publier de nombreux contes fantastiques comme La fée aux miettes *ou* Jean-François les bas bleus *en 1832. Il organise un salon pour permettre aux écrivains de se rencontrer, ce qui favorise le développement du mouvement romantique en France. Il influence beaucoup d'autres écrivains français comme Victor Hugo, Alfred de Musset et Sainte-Beuve. En 1833, il est élu à l'Académie Française.*

Charles Nodier est mort le 27 janvier 1844 à Paris, à 63 ans.

Les contes fantastiques qui ont été choisis et adapté pour ce recueil ont été écrits à différentes périodes de la vie de Charles Nodier. Ils sont tout à fait représentatifs de l'ensemble de son œuvre car ils appartiennent au mouvement romantique et s'inspirent souvent des romans gothiques anglais et des légendes de l'Est de l'Europe.

Table des matières

Les aveugles de Chamouny _____ 5
Paul ou la ressemblance _____ 10
Baptiste Montauban _____ 15
Lidivine _____ 22
Trésor des Fèves et Fleur des Pois _____ 27
Les quatre talismans _____ 40

Exercices _____ 59
Corrigés _____ 75
Portfolio _____ 79

Les aveugles de Chamouny

Je vais parfois faire de longues promenades avec mon chien bien-aimé, Puck, dans la belle vallée[1] de Chamouny, dans les Alpes, près du fleuve de l'Arveyron. Un jour, alors que nous nous promenions, Puck s'est mis à courir vers une personne assise sur un rocher[2] près de nous. Étonné, je me suis approché et j'ai vu un jeune homme aux cheveux blonds et bouclés. Il semblait très gentil et aussi très triste. En le regardant, je me suis rendu compte que ses yeux ne bougeaient pas : il était aveugle. Puck semblait être très attiré par lui et tournai autour de lui en aboyant[3] joyeusement.

Nous nous sommes salués et il s'est écrié :
– Oh, j'avais aussi un chien comme le vôtre, mais il m'a abandonné lui aussi, mon pauvre Puck…
– C'est aussi le nom de mon chien, ai-je répondu, comme c'est étonnant… ! Mais qui d'autre t'a donc abandonné, mon ami ? Tu es donc aveugle et seul au monde ?
– Hélas, Monsieur, mon histoire est bien triste et je ne veux pas risquer de vous ennuyer en vous la racontant… Mes parents sont morts quand j'étais petit dans une avalanche[4] dont j'ai été le seul survivant et je suis devenu aveugle. J'ai été recueilli par les habitants du village qui ont toujours été très bons pour moi, je n'ai jamais manqué de quoi que ce soit et ai toujours eu beaucoup d'amis…

---

1. **vallée :** espace entre deux montagnes, où coule souvent une rivière ou un fleuve.
2. **rocher :** gros bloc de pierre.
3. **aboyer :** émettre un cri (en parlant du chien).
4. **avalanche :** grande quantité de neige qui tombe vers le bas de la montagne.

– Mais alors, qui donc t'a abandonné ? ai-je demandé à nouveau, étonné, en m'asseyant près de lui sur le rocher.

– C'est ma bien-aimée Eulalie, Monsieur, et vous venez de vous asseoir à la place qu'elle occupait. Alors que j'étais encore petit, un riche commerçant, M. Robert, est venu s'établir dans notre village avec sa petite fille, aveugle elle aussi. Elle était très belle, et très gentille aussi. Quand M. Robert a entendu parler de mon existence et de mon infirmité, il m'a proposé de venir habiter dans son château avec eux et de partager leur existence. À partir de ce jour, Eulalie et moi ne nous sommes plus quittés. Nous avons toujours vécu l'un à côté de l'autre et tout partagé. Nous avions l'habitude de rester main dans la main assis sur ce rocher. Nous nous aimions, tout simplement, et les années qui passaient n'ont fait que renforcer notre amour. Quand son père a compris nos sentiments, il nous a proposé de nous marier.

– Tu devais être très heureux ! me suis-je exclamé.

– Oui, ce jour-là, j'ai été très heureux, mais j'ai eu aussi soudain très peur de la perdre. Le lendemain, elle était en retard à notre rendez-vous habituel sur ce rocher et quand elle est arrivée, en l'embrassant, j'ai senti qu'elle avait un bandeau[5] sur les yeux. Je ne comprenais pas… Elle m'a dit qu'elle avait été soignée par un docteur, et qu'elle pourrait bientôt voir à nouveau. Comme j'étais heureux et malheureux à la fois ! J'étais heureux pour elle bien sûr, mais très malheureux en même temps car j'avais un terrible pressentiment[6]… J'étais sûr qu'elle aurait envie de découvrir le monde, de rencontrer d'autres personnes et qu'elle me quitterait.

---

5. **bandeau** : morceau de tissu qu'on peut mettre sur les yeux, sur la tête ou autour du cou.
6. **pressentiment** : idée qu'il va arriver dans le futur quelque chose de négatif.

– Comme je te comprends ! Mais que s'est-il passé ensuite ?

– Je voulais qu'elle me promette de ne jamais me regarder, mais elle ne m'a pas écouté. Elle me disait qu'elle m'aimerait toujours : nous nous promenions souvent dans la montagne, elle me lisait des livres et m'embrassait comme avant. Moi j'avais toujours peur… Et petit à petit elle a commencé à me parler des fêtes que son père organisait en son honneur au château et des gens qu'elle rencontrait, des jolies robes qu'elle portait, elle avait tellement envie de voyager… Un jour, à la fin de l'automne, son père m'a dit, très doucement, qu'ils allaient partir tous les deux à Genève pour tout l'hiver et qu'ils reviendraient au printemps. Eulalie m'a embrassé et j'ai senti qu'elle était très émue[7]. Moi, j'étais anéanti. Je savais bien qu'elle ne reviendrait jamais. L'hiver était si long, je n'étais pas sûr de pouvoir survivre à une telle séparation !

– Et que s'est-il passé, mon ami ?

– Vous pouvez imaginer la suite, Monsieur. Je l'ai attendue tout l'hiver, un long hiver très froid et très rude[8]. Au printemps, je l'ai guettée[9] sur le chemin mais je savais bien qu'elle ne reviendrait pas. Enfin, on m'a lu une lettre d'elle qui m'annonçait qu'elle partait pour Milan où elle passerait l'été… Voilà, Monsieur, ma triste histoire.

– Mon cher enfant, je ne sais que te dire pour te consoler[10]. Mais tu es si jeune encore, et si joli garçon. Sèche tes larmes et sois certain qu'un jour, tu rencontreras une autre femme qui sera digne de ton amour et qui t'aimera également en retour...

---

7. **ému** : rempli d'émotions.
8. **rude** : difficile, dur, froid pour un hiver.
9. **guetté** : attendu.
10. **consoler** : essayer de réconforter quelqu'un.

– Impossible, je sais bien que je ne peux aimer personne d'autre qu'Eulalie.

– Écoute, Gervais, je vais aller à Milan et j'essaierai de lui parler. J'aimerais qu'en attendant tu acceptes un petit cadeau de ma part : je te donne mon chien Puck, qui remplacera le tien et qui t'aidera à te sentir moins seul.

Pour toute réponse, Gervais m'a serré la main, et j'ai vu des larmes dans ses yeux. Je suis parti et Puck est resté assis tout contre lui.

Quelques jours après, je suis arrivé à Milan. J'avais prévu d'y passer quelques jours pour me détendre[11]. Je suis allé rendre visite à un ami, M. de Roberville, et nous sommes allés nous promener sur les boulevards. J'ai soudain remarqué une femme d'une rare beauté, très élégante dans une robe rouge et or. Elle était très grande, et presque maigre. Ses beaux cheveux bruns et bouclés étaient relevés et faisaient ressortir ses yeux immenses et d'un bleu profond. Sa peau était très pâle et ses lèvres presque blanches. Elle portait une rose à son corsage. Elle était assise parmi quelques amis mais son beau visage semblait triste et mélancolique. J'ai demandé à mon ami s'il la connaissait.

– Bien sûr, a-t-il dit, c'est la plus belle et la plus triste des femmes de Milan. C'est la fille d'un riche négociant d'Anvers, M. Robert, qui avait décidé de se fixer dans une petite ville de montagne, à Chamouny.

Étonné du hasard de cette rencontre, je lui ai demandé de me parler d'elle et de me raconter son histoire.

– Elle a été aveugle pendant toute son enfance, mais un médecin lui a rendu la vue. Son père l'a alors conduite à Genève, où elle a rencontré un aventurier dont elle est

---

11. **se détendre** : se calmer, se reposer, se relaxer.

tombée amoureuse. Quand son père a refusé leur mariage, elle s'est enfuie avec lui, mais il l'a abandonnée en lui volant tous ses bijoux. Son père en est mort de chagrin… Il paraît qu'il voulait la marier à un aveugle… !

J'étais soudain très en colère contre Eulalie ! Je l'ai regardée avec des yeux furieux et elle a dû sentir mon regard sur elle car elle a tourné la tête vers moi, effrayée[12]. Je me suis approché d'elle et je lui ai demandé :
– Et Gervais ?
– Qui ?
– Gervais !
– Ah, Gervais… ! a-t-elle répété…
– Oui, Gervais, Gervais, qu'en as-tu fait ?
Elle est tombée, évanouie[13]. Je ne sais pas ce qu'elle est devenue.

Je suis revenu à Chamouny car je voulais revoir Gervais et lui parler. Il pleuvait beaucoup quand je suis arrivé dans le petit village. Je suis allé immédiatement chez Dame Marguerite, chez qui il dormait, mais elle m'a dit qu'elle le cherchait elle aussi. Elle m'a expliqué qu'il avait reçu une lettre de l'étranger, d'Italie peut-être, la veille, qu'il avait mis son manteau bleu et était parti en courant, sans son chien ; malgré l'orage, il n'était pas rentré de la nuit. Avec le bon Puck, nous sommes allés vers les montagnes, en direction de son rocher, en espérant le trouver. Hélas, quand nous sommes passés près de l'Arveyron, Puck s'est mis à courir vers le fleuve et s'est jeté dedans : quand nous sommes arrivés, le petit chien avait disparu et nous avons vu nager à la surface du fleuve un manteau bleu qui tourbillonnait[14].

---

12. **effrayé** : qui a peur.
13. **évanoui** : qui a perdu connaissance.
14. **tourbillonner** : tourner très rapidement.

Paul ou la ressemblance
Histoire véritable et fantastique

Le 4 août 1834, le marquis de Louvois voyage en calèche[1] dans les Pyrénées, sur la jolie route qui mène à Argelès. Son jeune domestique[2], Paul, est assis sur le siège[3] de sa voiture. Paul est le fils d'un pauvre marchand de bestiaux[4] qui a dix autres enfants. Comme sa famille n'a pas beaucoup d'argent, il est très content de travailler pour le marquis de Louvois, qui est un maître bon et généreux.

Sur la belle route ombragée qu'ils empruntent[5] au milieu des forêts, un vieillard[6] est assis sur son cheval et essaie de les dépasser ; cependant, sa monture[7] n'est pas assez forte pour rivaliser avec la vitesse de la calèche et bientôt sa silhouette disparaît au loin sur la route.

Quand le marquis et Paul arrivent au relais[8] de Pierrefitte, ils apprennent que la route a été inondée[9] et ils décident d'y passer la nuit pour repartir le lendemain. Le marquis de Louvois choisit donc d'aller souper. Il s'assoit à la table et remarque, à l'autre bout, le petit vieux qui a essayé de le dépasser tout à l'heure sur son cheval. Le gentil vieillard a une figure noble et douce, des cheveux blancs mais fournis et un air très respectable. Il porte un

---

1. **calèche** : voiture à quatre roues, tirée par des chevaux, avec un siège à l'avant.
2. **domestique** : personne qui est au service d'un maître.
3. **siège** : endroit où l'on peut s'asseoir, souvent à l'avant d'une calèche.
4. **bestiaux** : animaux de la ferme.
5. **emprunter** : parcourir (un chemin).
6. **vieillard** : vieil homme.
7. **monture** : cheval.
8. **relais** : arrêt sur une longue route qui permet de manger et de remplacer ou de renforcer les chevaux fatigués.
9. **inondé** : rempli d'eau.

long manteau gris en laine bien chaude, une cravate, un chapeau sombre et de belles bottes en cuir. Il semble très triste et quelques larmes tombent de temps en temps sur ses joues. Touché, le marquis lui adresse la parole :

– Cher Monsieur, c'est bien vous que j'ai vu sur la route tout à l'heure. Vous sembliez vouloir atteindre notre calèche et nous parler… Avez-vous par hasard une communication à nous faire ?

– Hélas Monsieur, répond le vieil homme aux cheveux blancs, vous avez partiellement raison : j'essayais en fait d'attirer l'attention de votre jeune domestique, assis sur le siège de votre voiture, qui ne semble pas me reconnaître… D'ailleurs, c'est sûrement la première fois que nous nous rencontrons…

– Je ne comprends pas… Expliquez-moi ce mystère !

– Vous me prendrez pour un fou, Monsieur le Marquis, mais je dois vous raconter mon histoire. Je m'appelle Despin et je suis le maire de la petite ville de Gaujac. Il y a quelques mois, j'étais le plus heureux des hommes, chéri par ma femme et notre fils unique, Paul. Nous avions assez d'argent pour vivre aisément et nous étions heureux. Hélas, notre pauvre enfant est mort soudainement, et ma femme n'a plus arrêté de pleurer. Une nuit, je l'ai trouvée évanouie sur la tombe de notre fils : quand elle est revenue à elle, elle m'a dit qu'elle avait parlé avec la Sainte Vierge… Celle-ci lui aurait dit de partir dans les montagnes de notre région et que nous pourrions ainsi revoir notre fils Paul. Pour lui faire plaisir, j'ai décidé de partir, sans y croire… Et voici que soudain, au hasard d'une route, j'ai vu votre calèche, avec, assis sur le siège avant, Paul, mon fils, ou du moins un jeune homme qui lui ressemblait tellement que mon cœur a failli s'arrêter de battre à sa vue.

– Paul, votre fils, dites-vous ? s'exclame le marquis.
– Oui, Monsieur le marquis. Mais lui, il ne m'a pas reconnu. Il a le même âge et la même voix que mon fils, le même accent, le même regard, la même taille et il a un signe sur la joue comme lui. Il lui ressemble comme deux gouttes d'eau[10]. Je le reconnais si bien, comme un père reconnaît son fils, mais lui, il ne me reconnaît pas.

Le vieillard se met à pleurer et le marquis est très ému. Il dit en prenant la main du vieillard :
– Monsieur, je ne peux pas soulager votre peine car ce serait un mensonge que de vous dire que Paul est votre fils. Je ne sais comment vous consoler.

Le vieux Despin sèche ses larmes et dit au marquis :
– Monsieur le marquis, je voudrais faire une proposition à votre jeune Paul. Je sais bien qu'il n'est pas mon fils, mais s'il le veut, il pourrait le devenir. Nous avons, ma femme et moi, assez d'argent et de tendresse à offrir pour le combler de bonheur : je veux lui léguer tous mes biens s'il accepte de venir vivre dans notre famille. Pouvez-vous, Monsieur, m'aider à le convaincre ?

La nuit est alors bien avancée. Monsieur de Louvois, très touché, va dormir et se lève très tôt. Il entre dans la chambre de Paul, qui dormait encore, et y aperçoit le vieux Despin, qui le regardait dormir. Le vieillard lui tend l'acte de donation[11] qu'il avait préparé et sort de la pièce. Paul se réveille alors et M. de Louvois lui dit :
– Paul, la fortune est venue te surprendre dans ton sommeil, un mot et tu peux devenir riche !
– En vérité, mon maître, je n'en suis pas surpris car il y

---

10. **comme deux gouttes d'eau** : énormément.
11. **donation** : offre d'argent.

a quelques jours, lors d'un arrêt au cours de notre voyage, une bohémienne[12] est venue vers moi. Elle était très vieille, vraiment vilaine et elle m'a fait peur. Elle portait une méchante robe noire et un fichu[13] sur la tête. Son visage était tout ridé mais ses yeux noirs semblaient cracher des flammes. Elle semblait en colère quand elle a pris ma main malgré moi : elle m'a alors prédit[14] qu'on me proposerait bientôt la richesse et que je la refuserais.

Le marquis de Louvois lui raconte alors toute l'histoire et lui montre l'acte de donation du vieux Despin. Il le laisse ensuite seul pour lui permettre de réfléchir. Entre-temps, le temps s'est amélioré et ils peuvent donc reprendre leur voyage. Au moment de partir, le marquis demande à Paul :
– Alors, Paul, as-tu décidé de devenir M. Despin ?
Paul répond alors d'un ton très sérieux :
– Mon maître, j'ai décidé de refuser la proposition de M. Despin. Ce que demande ce bon vieillard, je suis incapable de lui donner : il cherche un fils et j'ai déjà un père. C'est à mon père que je dois la tendresse et les soins d'un fils, et le cœur d'un fils n'est pas à vendre. Je peux offrir à ce bon M. Despin toute ma reconnaissance mais je ne peux lui offrir plus. Les sentiments qu'il recherche appartiennent à un autre vieillard qui m'a nourri, qui m'a élevé, qui m'a réchauffé, qui a pleuré pour moi : je ne pourrais jamais le renier[15], ni renier mes neuf frères. Vous me direz peut-être que je pourrais, avec mon argent, lui rendre la vie plus douce… Mais cela ne me justifierait pas devant ma propre conscience et mon père lui-même

---

12. **bohémienne** : tsigane, gitane.
13. **fichu** : foulard.
14. **prédit** : deviné, prophétisé.
15. **renier** : dire non à quelqu'un ou ne pas reconnaître quelque chose.

n'accepterait jamais mes cadeaux. Il me considèrerait désormais comme un étranger et je ne pourrais supporter la tristesse que cela me causerait. Non, je ne peux prendre la vie d'un autre et abandonner mon passé et ma famille. Je resterai pauvre mais je resterai le fils de mon père, et je conserverai le droit de l'embrasser sans rougir ; cela vaut mieux que de l'argent.

– Va régler les comptes et partons donc, dit le marquis, très ému.

Quand M. Despin voit la calèche du marquis s'éloigner sur la route, il comprend tout de suite le refus de Paul et n'ouvre même pas la triste lettre d'adieu que le marquis lui a écrite en partant. Il pleure longtemps, couché sur son lit. Au bout de trois jours, il se lève, comme apaisé et calmé, fort du sentiment de tout avoir mis en œuvre pour retrouver son enfant, et prêt à accepter enfin son deuil[16]. Il rassemble ses forces et se met lui aussi en route pour rentrer chez lui.

---

16. **deuil** : période de grande tristesse des personnes proches de quelqu'un qui est mort.

Baptiste Montauban

Je me suis arrêté quelques jours dans un petit village de montagne, où mon ami M. Dubourg et sa fille habitaient. Je voulais prendre quelques jours de repos dans nos belles montagnes et en profiter pour rendre visite à mon ami. En effet, je ne l'avais plus revu depuis longtemps : sa maison se trouve dans les montagnes, à plusieurs heures de marche du village. Un matin, je me suis donc levé très tôt et j'ai décidé de marcher jusqu'à son château, après avoir demandé mon chemin à la patronne[1] de l'auberge dans laquelle je logeais[2].

La première partie du chemin qui menait au château de mon ami était d'accès facile. Le chemin longeait un joli petit ruisseau[3] bordé de saules[4]. C'était une belle journée fraîche et ensoleillée et j'étais vraiment heureux de me promener dans un tel paradis. J'étais aussi heureux de marcher seul et de pouvoir jouir de quelques heures de solitude.

Cependant, le chemin de montagne devenait de plus en plus petit et difficile à suivre : comme j'avais peur de me perdre, j'ai regardé autour de moi, à la recherche de quelqu'un qui pourrait m'indiquer le chemin du château. J'ai alors vu une petite maison blanche un peu plus loin sur le sentier[5], une jolie maison fleurie et bien entretenue, bordée de grands sapins, avec des volets[6] verts et de

---

1. **patronne** : propriétaire de l'auberge.
2. **loger** : habiter.
3. **ruisseau** : petite rivière.
4. **saule** : type d'arbre qui pousse souvent près des rivières.
5. **sentier** : petit chemin.
6. **volets** : grandes planches de bois qui ferment les fenêtres à l'extérieur de la maison.

grandes fenêtres ouvertes. Je me suis dirigé vers la maison en espérant y rencontrer quelqu'un.

Il y avait un jeune garçon assis sur un banc devant la maison. Il réparait un panier en osier[7] et travaillait avec beaucoup de concentration. J'ai eu le temps de le regarder sans qu'il se rende compte de la présence. C'était un grand garçon de moins de vingt ans. Il semblait à la fois déjà fort et encore très doux. Il avait de longs cheveux blonds et bouclés qui lui tombaient sur les épaules. Ses yeux étaient bleus et ses traits étaient presque féminins tellement son visage était fin. Il était habillé très simplement. Il avait l'air d'un enfant, ou peut-être d'un ange. Il avait l'air très calme, peut-être mélancolique[8], et également très rêveur, presque méditatif. Je l'ai regardé pendant plusieurs minutes car je l'ai trouvé tout de suite très sympathique et je ressentais déjà beaucoup de tendresse pour lui.

Je me suis approché en faisant un peu de bruit pour attirer son attention. Il m'a souri et a voulu se lever pour me saluer, mais je l'ai arrêté d'un geste. Cependant, à ma grande surprise, quand je lui ai demandé où se trouvait la maison de mon ami Dubourg, son visage est soudain devenu très triste et il s'est mis à dire des phrases incompréhensibles, avant de se mettre à pleurer, la tête dans les mains. J'étais si étonné que je ne savais pas comment réagir. J'ai compris que cet enfant avait perdu la tête et était un peu fou.

La porte de la maison s'est ouverte et une femme d'une cinquantaine d'années est sortie de la maison. Elle était

---

7. **osier** : rameaux de saule très fins.
8. **mélancolique** : triste, morose, taciturne.

bien habillée et semblait vraiment gentille. Elle avait une longue robe de beau drap[9] bleu et un manteau en laine. Ses cheveux, noirs et gris, étaient rassemblés dans un chignon. Elle me sourit et me dit : « Pardonnez mon fils Baptiste, Monsieur, il ne sait pas recevoir les visiteurs avec toute l'éducation qu'ils méritent. Permettez-moi de vous offrir quelques fruits et du lait ». J'ai accepté avec plaisir car je voulais lui demander les raisons du comportement de son fils. Je suis entré dans la jolie maison et me suis assis dans le salon pendant que mon hôtesse m'apportait à manger. De nombreux petits oiseaux de toutes les couleurs entraient et sortaient par la fenêtre et donnaient à la maison un air presque magique. Lorsque je lui ai demandé les raisons de l'étrange comportement de Baptiste, elle a semblé soudain très triste et m'a raconté sans attendre l'histoire de son fils.

Elle m'a expliqué que Baptiste était devenu, depuis plusieurs mois, un jeune homme très triste et méconnaissable[10] pour qui avait toujours vécu avec lui, comme elle. Son mari était le meilleur architecte de la région et c'est lui qui avait construit la maison de M. Dubourg. Il était mort de façon soudaine, en tombant du toit de la maison, alors qu'elle venait juste d'être terminée. Monsieur Dubourg, très touché, avait alors fait construire cette petite maison pour son fils orphelin[11] et elle. Il leur avait aussi accordé une petite pension[12] et avait décidé de s'occuper de l'éducation de Baptiste avec sa propre fille, Rosalie, qui avait quelques années de moins

---

9. **drap** : ici, synonyme de tissu.
10. **méconnaissable** : que l'on n'arrive pas à reconnaître.
11. **orphelin** : qui a perdu ses parents.
12. **pension** : une somme d'argent que l'on donne régulièrement.

que Baptiste. L'éducation de son fils avait duré 10 ans et les deux enfants avaient donc grandi ensemble.

Un jour, il y a quatre ans, M. Dubourg était venu la voir pour parler à la mère de Baptiste : il semblait très triste. Il lui a dit qu'il avait décidé de séparer leurs deux enfants car ils étaient à l'âge où ils risquaient de tomber amoureux l'un de l'autre. Il demandait donc à Baptiste de ne plus venir au château, de ne plus voir Rosalie et de ne pas dépasser un endroit qui s'appelle la Bée d'Ain, à mi-chemin[13] entre la maison et le château.

Quand la mère de Baptiste avait expliqué les volontés de M. Dubourg à son fils, il était devenu très triste, il s'était mis à pleurer et il n'avait plus dit un seul mot. Quelques jours plus tard, sa mère s'était rendue compte qu'il semblait ne plus la comprendre. Progressivement, elle avait réalisé que son fils, pourtant auparavant si éveillé et si intelligent, devenait, peu à peu, fou. Depuis, Baptiste travaillait à la maison mais parlait très peu et semblait toujours perdu dans ses pensées, dans ses rêves ; il n'avait pas même l'air de comprendre les questions qu'on lui posait.

L'histoire de Baptiste m'a beaucoup attristé[14], et j'étais très ému. Je ne savais que faire pour aider cette mère et son fils. J'ai soudain réalisé qu'il était déjà tard et que je devais me mettre en route. Je demandais mon chemin à la mère de Baptiste qui m'a répondu que son fils allait me conduire au château, du moins jusqu'à la Bée d'Ain. Elle a frappé dans ses mains et tous les oiseaux sont sortis de la pièce en s'envolant par la fenêtre. Elle a appelé son fils et lui a dit de mettre son manteau en grosse laine bleue, ses chaussures rouges et son chapeau en fourrure et de m'accompagner

---

13. **à mi-chemin** : au milieu du trajet.
14. **attristé** : rendu mélancolique, taciturne.

jusqu'au château. Quand Baptiste est entré dans la maison, tous les oiseaux se sont précipités vers lui, comme pour le saluer et l'embrasser. Certains se sont posés sur ses épaules, d'autres se sont frottés contre ses joues.

J'avais peur que Baptiste soit triste à l'idée de partir en direction du château et je regardais avec attention son visage, mais il semblait très calme et nous nous sommes mis en route. Les petits oiseaux verts et jaunes nous suivaient toujours et voletaient[15] autour de lui. Nous marchions en silence. Il prononçait parfois quelques mots, il me semblait qu'il parlait avec quelqu'un… À ma grande surprise, je me suis alors rendu compte qu'il parlait avec les oiseaux qui nous avaient suivis et que ceux-ci semblaient effectivement lui répondre ! Émerveillé[16], je n'osais pas dire un mot et me contentais de les regarder tous en silence, en marchant.

Quand nous sommes arrivés à la Bée d'Ain, Baptiste a ôté son chapeau en fourrure, son manteau en laine bleue et les a délicatement posés par terre. Tous les oiseaux se sont précipités dans le chapeau et dans le manteau. Je l'ai ensuite entendu appeler les oiseaux par leurs noms : « Où êtes-vous, Rosette ? Où êtes-vous, Finette ? Où êtes-vous, mes jolis, mes mignons, mes bien-aimés ? Venez, petites, venez, mes belles ! La curiosité a été la plus forte : je me suis approché[17] et j'ai regardé dans le chapeau et dans le manteau… Tous les oiseaux y étaient, blottis[18] les uns contre les autres, sans crainte… J'étais fasciné par ce spectacle.

---

15. **voleter** : voler joyeusement et rapidement.
16. **émerveillé** : étonné, fasciné, ravi, ébloui.
17. **s'approcher** : s'avancer vers quelqu'un ou quelque chose.
18. **blotti** : serré contre quelque chose.

Je devais pourtant continuer mon chemin car la nuit arrivait. J'ai demandé à Baptiste d'accepter que je lui offre ma montre en argent comme témoignage de ma reconnaissance et de mon amitié, mais il m'a répondu que le soleil lui suffisait et qu'il n'en avait pas besoin. J'allais insister lorsque j'ai vu deux cavaliers qui s'approchaient de nous. L'un deux m'a appelé par mon nom d'un ton joyeux. Je le connaissais bien : c'était le conseiller et fidèle ami de mon cher Dubourg depuis des années. Nous nous sommes salués avec enthousiasme et avant que ne je puisse l'empêcher de parler, il a soudain dit d'une voix forte et heureuse : « ah, Maxime, mon ami, vous tombez bien ! Savez-vous que nous allons marier notre chère Rosalie demain ? » J'ai regardé Baptiste sans répondre. Il me tournait le dos, en silence, mais j'ai eu l'impression qu'il avait bien entendu ces paroles imprudentes. J'étais impuissant devant sa tristesse, et consterné[19]. Je m'approchais de lui pour le saluer mais il ne faisait plus attention à moi, il semblait tout occupé par ses oiseaux. Je me suis résolu à partir en lui caressant l'épaule.

Les noces de Rosalie se sont en effet déroulées le lendemain et les jours suivants. Rosalie était devenue très belle ; elle était, de plus, très gentille et généreuse. Plus belle que je ne me rappelais, et aussi plus soucieuse[20] et plus triste que ne l'est d'habitude une jeune mariée. Quant à son époux, il était seulement très riche et très insignifiant.

Je suis parti dès que la noce s'est terminée. Je voulais revoir Baptiste. Sur le chemin entre le château et sa jolie

---

19. **consterné** : attristé, navré, stupéfait.
20. **soucieux** : inquiét, préoccupé.

maison, j'ai remarqué plusieurs petites barques[21] qui sillonnaient[22] la rivière. Je les ai contemplées longtemps en marchant car elles allaient dans la même direction que moi. Tout à coup, j'ai vu qu'elles se dirigeaient toutes vers un même point de la rivière et je me suis mis à courir moi aussi vers le même endroit, pris d'un étrange pressentiment. J'avais raison. Tous les oiseaux voletaient au-dessus de quelque chose dans la rivière, avec des cris effrayés[23] et c'est avec des larmes dans les yeux que j'ai aperçu des bottes rouges et un chapeau en fourrure flotter dans l'eau.

---

21. **barque** : petit bateau avec des rames.
22. **sillonner** : traverser, parcourir la rivière dans tous les sens.
23. **effrayé** : qui a peur.

Lidivine

En 1800, j'étais en prison, pour des raisons qui n'ont pas d'importance pour l'histoire que je veux vous raconter maintenant. Les conditions de vie dans la prison n'étaient pas mauvaises[1]. Le geôlier[2] et sa femme étaient des personnes très gentilles et douces avec les prisonniers et surtout, il y avait, comme femme à tout faire, une vieille dame qui s'appelait Lidivine. Les prisonniers l'appelaient La Divine, tellement elle était gentille.

Lidivine avait 78 ans mais elle semblait n'en avoir que cinquante. Elle portait souvent un petit tablier[3] blanc et une jupe noire très simple. Elle était maigre, un peu pâle : elle avait dû être très belle quand elle était jeune. Elle était toujours de bonne humeur, toujours joyeuse, toujours prête à aider ou à consoler l'un d'entre nous. Elle avait comme un don pour calmer, rassurer, tranquilliser tout le monde.

Elle travaillait toujours avec son petit-fils, Pierre. C'était un beau jeune homme de vingt-trois ans, de santé fragile mais infatigable, patient, courageux et toujours souriant. Il était blond et maigre et avait de beaux yeux bleus. Quand Pierre entrait dans notre chambre le matin, c'était un vrai bonheur. Son bonjour nous remplissait de joie pour toute la journée.

Parfois cependant, un autre garde[4] ouvrait notre porte de bon matin, d'un geste un peu plus rude[5] : c'était

---

1. **mauvais** : difficile.
2. **geôlier** : la personne qui garde les prisonniers dans une prison.
3. **tablier** : vêtement qu'on attache à la taille ou autour du coup pour ne pas se salir.
4. **garde** : la personne qui aide le geôlier à garder les prisonniers.
5. **rude** : dur, rêche.

Nicolas. C'était un gros gaillard[6], grand et fort, qui semblait rude et violent mais qui était en réalité timide et doux comme un agneau. Quand il était triste parce qu'un prisonnier allait mourir, il se cachait toujours pour pleurer.

Un matin, Nicolas est entré dans notre cachot, il avait l'air très triste et fâché.
Je lui ai demandé : « Nicolas, où est Pierre ? »
Nicolas a répondu d'un ton lugubre : « Au cachot[7] ».
J'étais consterné : « Comment ? Pierre au cachot ? Mais c'est impossible ! Mais pourquoi ? »
Nicolas m'a alors expliqué que Pierre n'était pas, comme je le croyais, un homme libre qui travaillait comme lui dans une prison pour gagner sa vie, mais au contraire un prisonnier comme moi, qui était en prison depuis sept ans et devait encore y passer treize ans. Sa peine avait été assouplie[8] et lui permettait de travailler à l'intérieur de la prison sans pourtant avoir le droit d'en sortir. Lidivine, sa grand-mère, était dans la même situation.

J'étais consterné[9] et tellement surpris que je ne pouvais y croire et j'ai continué à y penser pendant les jours suivants. Je suis passé en justice[10] très rapidement et quelques semaines plus tard, j'ai pu sortir de prison : j'étais libre ! Mes premières pensées d'homme libre ont été pour Lidivine et Pierre et j'ai essayé de comprendre les

---

6. **gaillard** : homme gros et grand.
7. **cachot** : dans une prison, pièce où l'on garde les prisonniers.
8. **assoupli** : rendu plus facile.
9. **consterné** : stupéfait, surpris.
10. **passé en justice** : être jugé.

raisons de leur emprisonnement[11]. J'ai appris alors que pendant la révolution, en 1793, un vieux prêtre persécuté et recherché par la police avait trouvé refuge dans un hameau[12] ; les habitants l'avaient protégé et caché mais la police l'avait cependant trouvé et arrêté, en même temps que les habitants du village qui avaient tous été guillotinés[13]… tous, sauf la plus vieille et le plus jeune d'entre eux, Lidivine et Pierre, qui ont été condamnés à vingt ans de prison chacun.

Entre-temps, Napoléon était devenu empereur et j'espérais bien pouvoir parler de Pierre et de Lidivine aux services de l'administration pénitentiaire[14] et prouver l'injustice de leur arrestation et de leur détention[15] en prison. Après plusieurs semaines de travail avec des avocats, j'ai enfin obtenu leur libération. Quelle joie, ils étaient libres ! J'ai couru vers la prison pour les avertir.

À la prison, quand j'ai vu Pierre et Lidivine et que je leur ai annoncé qu'ils étaient libres en leur montrant la lettre d'autorisation de sortie de prison, ils se sont mis à pleurer de joie. Tout le monde autour d'eux pleurait également. Lidivine regardait les femmes qu'elle avait consolées si souvent quand elles étaient tristes, les prisonniers qui étaient malades ou convalescents[16] et qu'elle avait soignés si souvent quand ils étaient malades. Le geôlier et sa femme étaient eux aussi très tristes de les voir partir.

---

11. **emprisonnement** : temps pendant lequel un prisonnier doit rester en prison, détention.
12. **hameau** : petit village.
13. **guillotiné** : dont on a coupé la tête en utilisant une guillotine.
14. **administration pénitentiaire** : ensemble des employés qui sont chargés de gérer la prison.
15. **détention** : emprisonnement.
16. **convalescent** : qui se remet après une grave maladie.

Soudain, Lidivine m'a regardé et m'a demandé :

« C'est bien vrai ? Je peux partir aujourd'hui même ? Je suis bien libre ?

– Oui, Lidivine, tu es une femme libre maintenant, tu peux t'en aller dès maintenant si tu veux.

– En fait… Si j'étais sure de ne pas être un poids, une charge pour cette prison, je resterais volontiers. Ma place est ici désormais, à aider et consoler ces prisonniers qui ont besoin de moi. Que ferais-je dehors ? Je serais inutile, malheureuse aussi car toute ma famille a disparu… Ici, au moins, je peux être utile et gagner mon pain honnêtement, et ma famille est désormais ici. »

J'étais stupéfait… Et pourtant je comprenais bien les sentiments de Lidivine. Pierre s'est soudain mis à parler à son tour :

« Grand-mère, je te comprends si bien et ta décision est très sage. Laisse-moi te demander à mon tour le droit de rester avec toi. Quand j'étais petit, je voulais devenir prêtre mais je n'ai pas eu la possibilité d'étudier assez pour le faire. Je crois que mon travail dans cette prison comporte des devoirs que j'aime et que je ne veux pas abandonner. Nicolas a besoin de quelqu'un pour l'aider… Je vous supplie[17] de me permettre de rester avec vous et de ne pas sortir de prison. »

Nicolas pleurait lui aussi maintenant, mais il était heureux en même temps à l'idée de continuer à travailler avec lui tous les jours. Pierre s'est alors tourné vers moi et m'a dit avec un sourire :

« Merci pour toute votre aide… Je suis sûr qu'à ma place vous auriez fait comme moi ! »

---

17. **supplier** : prier, implorer, conjurer.

Les larmes aux yeux, je lui ai répondu :
« Oui, mon ami, si j'en avais eu le courage. »

Lidivine et Pierre sont morts au service des prisonniers.

Trésor des Fèves et Fleur des Pois
Conte de fées

Il était une fois un vieil homme et une vieille femme qui n'étaient pas bien riches et qui vivaient dans une jolie petite chaumière[1] au milieu des champs. Ils possédaient un petit champ de fèves[2] qu'ils cultivaient et ils vendaient leur récolte de fèves chaque semaine au marché de la ville la plus proche, ce qui leur rapportait un peu d'argent pour vivre.

Ils n'avaient jamais eu d'enfants et cela les rendait très tristes. Petit à petit, ils devenaient vieux et se demandaient comment ils allaient gagner de l'argent pour vivre quand ils ne seraient plus capables de cultiver leur champ de fèves.

Un jour, alors qu'elle travaillait dans son champ, la petite vieille a entendu un bruit, comme un cri, près d'elle. Elle s'est approchée et a découvert un beau petit bébé d'un an environ, dans un petit panier blanc, presque caché par les pieds de fèves. Elle était très surprise et ne comprenait pas comment cela était possible. Elle a pris l'enfant dans ses bras, elle a appelé son mari et ils l'ont porté délicatement dans leur maison.

Le vieil homme et la vieille femme étaient très étonnés et très heureux en même temps. Ils se sont assis devant la cheminée et le vieil homme a pris le bébé dans ses bras pour le faire sauter sur ses genoux. Le petit leur tendait les bras et les appelait « Papa » et « Maman » en éclatant de

---

1. **chaumière** : petite maison de campagne avec un toit en chaume, en paille.
2. **fève** : type de légume sec qui provient d'une plante dont les graines se consomment fraiches ou cuites, et que l'on écosse avant de les manger.

rire, comme s'ils étaient ses véritables parents. La vieille femme a allumé un bon feu dans la cheminée pour réchauffer le petit enfant et lui a préparé une bouillie[3] à base de fèves et de miel. Elle lui a aussi préparé un bon lit bien doux sur de la paille de fèves. Le petit enfant, une fois sa bouillie mangée, s'est endormi le sourire aux lèvres.

Le vieil homme se demandait comment il fallait appeler l'enfant. Ne sachant quel nom lui donner, s'est alors adressé à sa femme qui lui a répondu sur-le-champ :
– Appelons-le « Trésor des Fèves », parce que c'est dans notre champ de fèves que nous l'avons trouvé et que c'est un véritable trésor pour nos vieux jours.

Les années avaient passé très vite et Trésor des Fèves était devenu un petit garçon très gentil et très vaillant[4]. Il était encore un peu petit pour son âge, mais il était si avenant[5] et si doux, si généreux et si courageux qu'on ne pouvait s'empêcher de l'admirer et beaucoup de gens pensaient que c'était en fait un génie[6] ou une fée.

Il faut avouer que beaucoup de choses pouvaient le laisser croire. Depuis que Trésor des Fèves était arrivé, c'était lui qui s'occupait du champ de fèves et les récoltes[7] étaient beaucoup plus abondantes qu'avant : les fèves grandissaient, grandissaient, grandissaient et les plantes se multipliaient tellement que la chaumière avait dû être agrandie. Trésor de Fèves s'occupait de tout : il retournait

---

3. **bouillie** : purée, coulis.
4. **vaillant** : courageux.
5. **avenant** : gentil, mignon.
6. **génie** : personnage qui a des pouvoirs magiques.
7. **récoltes** : ensemble des choses que l'on obtient d'un champ (grains, fèves, légumes, fruits).

la terre, triait les semences[8], moissonnait[9], écossait[10], entretenait les haies[11], bref il s'occupait de tout. C'était une véritable bénédiction.

Une nuit, alors que Trésor des Fèves dormait tranquillement, la vieille femme et le vieil homme se sont mis à parler de son avenir. Le vieil homme disait :
– Trésor des Fèves est un petit garçon intelligent, alerte[12], vaillant et généreux, il faudrait penser à son avenir. Il pourrait devenir avocat, médecin, général peut-être. Nous devons penser à son éducation et lui faire visiter le vaste monde.

La vieille femme lui a répondu :
– Je suis d'accord avec toi, mon ami. Pour commencer, envoyons-le à la ville pour vendre nos fèves et donnons-lui un peu d'argent pour qu'il puisse s'acheter quelque chose qui lui fasse plaisir.

Le lendemain, quand Trésor des Fèves s'est réveillé, il a été très étonné de ne pas trouver ses vêtements de travail sur sa chaise, mais au contraire de beaux habits[13] de ville. Sa mère lui a expliqué, en lui tendant un gros bol[14] de bouillie au miel avec une pointe d'anis[15] vert :
– Trésor des Fèves, mets tes beaux habits aujourd'hui et

---

8. **semences** : germes, graines que l'on sème ou que l'on enfouit dans la terre d'un champ pour qu'elles poussent.
9. **moissonner** : couper et récolter des céréales ou des plantes à graines.
10. **écosser** : enlever la peau des graines ou des céréales pour pouvoir les manger.
11. **haie** : clôture, barrière faite avec des arbres pour protéger et fermer un jardin ou un champ.
12. **alerte** : éveillé, dégourdi.
13. **habit** : vêtement.
14. **bol** : petit récipient rond souvent en céramique que l'on utilise pour déjeuner ou manger de la soupe.
15. **anis** : plante cultivée pour ses propriétés aromatiques et médicinales.

mange bien car aujourd'hui, tu vas aller pour la première fois dans la grande ville pour vendre nos fèves et pour faire connaissance avec la belle société. On y rencontre à chaque pas des grands seigneurs et des belles dames en robe d'argent. Tu as une si jolie mine[16] que je suis sure que tu y obtiendras une profession honorable que tu pourras exercer[17] sans te fatiguer… Vas-donc, mon mignon, je te donne six litrons[18] de fèves : tu les vendras tous et tu garderas la moitié de l'argent que tu auras obtenu pour t'acheter quelque chose qui te plaît ou pour te distraire. L'autre moitié ira dans notre caisse… Pars donc, mon fils, et surtout, sois prudent, reviens avant la nuit et fais bien attention aux loups.

— D'accord ma mère, a répondu Trésor des Fèves en embrassant la vieille femme, je ferai attention aux loups et je reviendrai avant le coucher du soleil. Je vais prendre les six litrons de fèves et ma serfouette[19].

Trésor des Fèves est parti de la maison en marchant rapidement mais il était de petite taille et il n'avançait pas bien vite. Au bout d'une heure de marche, il ne voyait toujours pas la grande ville. Il a soudain entendu quelqu'un qui l'appelait, au-dessus de sa tête : c'était un vieux hibou[20], perché[21] sur la branche d'un arbre. Le hibou lui a dit :

— Trésor des Fèves, arrêtez-vous s'il vous plaît ! Ne vous souvenez-vous pas de moi ? Comme vous êtes ingrat[22] ! C'est moi qui ai dévoré tous les rats qui se trouvaient dans

---

16. **mine** : visage.
17. **exercer (une profession)** : faire un métier.
18. **litron** : récipient qui peut contenir un litre de vin environ.
19. **serfouette** : petit outil de jardinage qui sert à cultiver les champs.
20. **hibou** : petit oiseau qui dort le jour et vit la nuit dans les forêts.
21. **perché** : accroché, juché.
22. **ingrat** : égoïste.

votre champ et qui ai mangé vos plantations[23] de fèves. Ne voulez-vous pas me donner un de vos litrons de fèves afin de nous sauver de la famine[24], ma famille et moi, pour nous remercier ?

– Mais bien sûr, a répondu Trésor des Fèves, c'est la dette de la reconnaissance[25] et j'ai plaisir à l'acquitter[26].

Aussitôt dit, le hibou s'est élancé sur Trésor des Fèves et lui a pris d'un coup de bec[27] un des six litrons de fèves, avant de s'éloigner à tire-d'aile[28].

– Comme vous partez vite ! s'est étonné Trésor des Fèves. Pouvez-vous me dire si je suis encore loin du monde où ma mère m'envoie ?

– Vous y entrez, mon ami, a répondu le hibou avant de s'éloigner rapidement.

Trésor des Fèves s'est remis à marcher mais il ne voyait toujours pas la grande ville où il devait vendre ses fèves. Soudain, il a entendu à nouveau quelqu'un près de lui l'appeler. C'était une chevrette[29] de montagne qu'il avait déjà vue dans son champ manger ses pieds de fèves. La chevrette lui a dit :

– Trésor des Fèves, moi qui t'ai tant aidé à te débarrasser des mauvaises herbes qui empêchaient tes fèves de pousser dans ton champ, je t'en prie, rends-moi service à ton tour, et donne-nous à manger, à ma famille et à moi. Un de tes cinq petits litrons de fèves nous suffirait pour ne pas mourir de faim.

– Ceci, dame chevrette, a répondu Trésor des Fèves,

---

23. **plantations** : les plantes qui sont encore dans les champs.
24. **famine** : période pendant laquelle en souffre de la faim car il n'y a rien à manger.
25. **reconnaissance** : gratitude.
26. **s'acquitter (de quelque chose)** : régler une dette.
27. **bec** : partie de la tête d'un oiseau qui lui permet de manger.
28. **à tire-d'aile** : très rapidement.
29. **chevrette** : petite chèvre.

c'est une œuvre de bienfaisance[30] que je suis heureux d'accomplir.

La chevrette a alors attrapé le litron de fèves d'un coup de corne[31] et est partie sur-le-champ[32] en courant.

– Comme vous partez vite, chevrette !, s'est étonné Trésor des Fèves. Pouvez-vous au moins me dire si je suis encore loin du monde où ma mère m'envoie ?

– Vous y êtes déjà, mon ami, a répondu la chevrette avant de disparaître dans la forêt.

Trésor des Fèves s'est remis à nouveau à marcher mais il ne voyait toujours pas la grande ville. Inquiet, il allait s'asseoir pour réfléchir quand il a entendu, encore une fois, un bruit près de lui. Il a alors aperçu un vieux loup qui s'approchait de lui furtivement[33] et dont la physionomie ne promettait rien de bon. Alors que Trésor des Fèves prenait sa serfouette, le vieux loup lui a dit :

– Trésor des Fèves, ne me faites pas de mal, moi qui essaie de convaincre les miens de vivre selon des principes d'abstinence[34] et de modération. Je me suis fait ambassadeur auprès des nombreuses meutes[35] de loup qui sillonnent[36] ces forêts afin de les persuader de faire pénitence[37], mais je suis seul contre tous, éreinté[38] par le travail et les nombreux déplacements que requiert le plan de conversion de mes pairs[39] que j'ai mis au point. Trésor

---

30. **bienfaisance** : reconnaissance, bonté, gentillesse.
31. **corne** : partie dure sur le front ou au-dessus des oreilles de certains animaux (chèvres, bœufs, vaches, taureaux…).
32. **sur-le-champ** : tout de suite.
33. **furtivement** : discrètement.
34. **abstinence** : privation volontaire de certains aliments ou boissons pour une raison religieuse ou médicale.
35. **meute** : troupeau d'animaux.
36. **sillonner** : parcourir, traverser, franchir.
37. **faire pénitence** : se repentir.
38. **éreinté** : très fatigué.
39. **pairs** : membres d'une même espèce.

des Fèves, vous qui êtes si bon et dont la réputation est si étendue dans le pays, ne voulez-vous pas contribuer par un de vos quatre litrons de fèves à nourrir un pauvre pasteur comme moi, afin qu'il puisse continuer à prêcher[40] la bonne parole parmi les siens ?

Sur ces paroles, le loup s'est mis à pleurer.

– Ceci, mon ami le loup, a répondu Trésor des Fèves, c'est une œuvre de bienfaisance que je serais heureux d'accomplir. Et il lui a donné le troisième litron qui lui était réservé. Le loup y a violemment enfoncé ses crocs[41] et l'a emporté d'un trait dans sa tanière[42].

– Comme vous partez vite, ami loup !, s'est écrié[43] Trésor des Fèves. Dites-moi au moins si je suis encore loin du monde où ma mère m'envoie.

– Vous y êtes depuis longtemps, Trésor des Fèves, a répondu le loup avant de disparaître dans la forêt.

Trésor des Fèves a repris son chemin, allégé de ses trois litrons, et de plus en plus inquiet car il ne voyait toujours pas les murailles[44] de la grande ville dont lui avait parlé sa mère. Il était prêt à faire demi-tour pour rentrer chez lui quand il a entendu quelqu'un qui appelait au secours. Il s'est mis à courir vers la voix, sans voir à qui elle appartenait.

– Qui a besoin de secours ?, a demandé Trésor des Fèves. Je ne vois personne !

– C'est moi, monsieur Trésor des Fèves, c'est moi, Fleur des Pois[45] !, a répondu une petite voix douce près de lui. Je suis devant vous… ! Pouvez-vous ouvrir la porte de ma

---

40. **prêcher** : conseiller, recommander.
41. **croc** : dent d'un animal.
42. **tanière** : refuge d'un animal sauvage (caverne, lieu abrité ou souterrain).
43. **s'écrier** : dire d'une façon soudaine.
44. **murailles** : grands murs externes, souvent autour d'une ville ou d'un château.
45. **pois** : sorte de légume sec.

calèche[46] ? Elle est coincée et je suis prisonnière à l'intérieur !

En effet, Trésor des Fèves, en regardant mieux par terre, a découvert un énorme pois chiche[47], avec des petites roues en or et deux portes, qui ressemblait à une calèche. Il a appuyé légèrement sur la porte qui s'est soudainement ouverte et Fleur des Pois s'en est extirpée[48] d'un seul coup.

Fleur des Pois était la plus jolie chose que Trésor des Fèves avait eu l'occasion de voir dans sa vie. C'était une très jolie petite fille de son âge, semblait-il. Elle avait de grands yeux violets en amande, une très jolie bouche toute fine, une robe rose un peu courte et de tout petits pieds chaussés d'escarpins[49] de satin, si mignons qu'on avait envie de les embrasser. Trésor des Fèves ne pouvait cesser de la regarder.

Fleur des Pois en riant a expliqué à Trésor des Fèves qu'elle essayait d'échapper au Roi des Grillons[50] qui l'avait demandé en mariage aujourd'hui, jour de ses dix ans. Mais elle avait déjà choisi un autre fiancé, et, de rage[51], le roi des grillons l'avait menacée de détruire son royaume[52] et avait frappé sur la porte de la calèche qui s'était coincée.

– Merci de ton aide, Trésor des Fèves, a encore dit Fleur des Pois. Laisse-moi t'offrir ma calèche de pois chiche pour continuer ton voyage. C'est une calèche qui fonctionne à la vapeur[53] et elle est beaucoup plus grande qu'elle ne semble. Pour la faire démarrer, il suffit que tu claques des doigts et que tu dises : « partez, pois chiche ! ».

---

46. **calèche** : voiture à quatre roues tirée par des chevaux, avec un siège à l'avant.
47. **pois chiche** : sorte de légume sec.
48. **s'extirper** : sortir d'un endroit étroit avec difficulté.
49. **escarpin** : jolie chaussure fine avec un talon.
50. **grillon** : petit insecte qui vit dans les champs et fait du bruit en été.
51. **rage** : colère.
52. **royaume** : ensemble des territoires qui appartiennent à un roi.
53. **vapeur** : eau à l'état gazeux.

Je te donne aussi ces trois petits écrins[54] : sèmes-en[55] le contenu par terre et ton vœu sera exaucé[56]. Moi, je vais m'arrêter dans ce champ de pois à côté de nous, dans lequel habitent de nombreux sujets fidèles qui s'occuperont bien de moi. Au revoir, Trésor des Fèves !

Trésor des Fèves était tellement heureux d'avoir rencontré Fleur des Pois qu'il n'a même pas eu le temps de lui répondre et de la remercier. Il n'avait pas cessé de la regarder pendant qu'elle parlait et il était bel et bien[57] tombé amoureux !

La calèche est partie tout d'un coup et a fait de nombreux, très nombreux kilomètres avant même que Trésor des Fèves ne s'en rende compte. Après quelques minutes, il a voulu tout de même s'arrêter car il voulait être rentré chez lui avant la tombée de la nuit[58]. Fleur des Pois ne lui avait pas dit comment arrêter la calèche… Après avoir réfléchi, il a claqué des doigts en criant « arrêtez, pois chiche ! ». Et la calèche s'est arrêtée à ces mots.

Trésor des Fèves ne connaissait pas du tout l'endroit dans lequel il se trouvait. C'était une plaine[59] à perte de vue, sèche, rocailleuse[60] et sauvage, sans buissons[61], sans arbres et sans fleuves. Trésor des Fèves était très fatigué, il aurait aimé s'abriter quelque part et pouvoir manger et dormir. Alors il a ouvert un des trois petits écrins de Fleur des Pois et en a jeté son contenu par terre. Aussitôt, un

---

54. **écrin** : petite boîte qui contient quelque chose de précieux.
55. **semer** : planter une graine dans la terre pour qu'une plante pousse.
56. **exaucer** : réaliser un vœu, un rêve.
57. **bel et bien** : vraiment.
58. **tombée de la nuit** : crépuscule.
59. **plaine** : territoire plat.
60. **rocailleux** : avec beaucoup de cailloux et de pierres.
61. **buisson** : ensemble de petits arbres très bas.

superbe pavillon[62] en forme de plante de pois est apparu, montant, grandissant, se répandant partout en toitures[63], arcades[64] et plafonds[65] faits de feuillage[66] de pois : c'était un vrai petit château qui venait d'apparaître et dans lequel il se trouvait maintenant. Une feuille de pois qui venait de tomber s'est transformée devant ses yeux en table croulant de pâtisseries[67], de confitures, de fruits et de purée de petits pois au sucre. Près de lui, une plume de colibri grossissait, grossissait tellement qu'elle était devenue un vrai lit qui semblait très confortable.

Trésor des Fèves s'est mis à manger, heureux de ce si bon repas, de cet abri et surtout de cette merveilleuse rencontre avec Fleur des Pois. Avant de se coucher sur son lit en plumes de colibri, il a tout de même décidé d'aller faire le tour de son petit château pour vérifier que personne ne pouvait y entrer pendant la nuit. En regardant par les fenêtres, il s'est alors rendu compte que les loups étaient déjà arrivés et qu'ils l'entouraient et menaçaient de l'envahir[68] à tout moment. En regardant bien, il a reconnu, à leur tête, le loup qui lui avait escroqué[69] un litron de fèves le matin même.

Trésor des Fèves a alors pris le deuxième écrin que lui avait donné Fleur des Pois et l'a jeté par terre. Une grande muraille s'est alors élevée tout autour du château, en le rendant totalement inattaquable et impénétrable.

---

62. **pavillon** : construction légère dans un jardin ou dans un parc pour servir d'abri.
63. **toiture** : ensemble des toits.
64. **arcades** : des murs et des plafonds qui ont une forme ronde, comme par exemple dans un cloitre, dans une galerie ou dans un aqueduc.
65. **plafond** : partie haute d'une pièce.
66. **feuillage** : ensemble des feuilles.
67. **pâtisserie** : nourriture sucrée (gâteaux et crèmes).
68. **envahir** : entrer sur un territoire sans en avoir l'autorisation.
69. **escroquer** : voler.

Heureux et rassuré, Trésor des Fèves a traversé les nombreuses salles de son palais pour retrouver enfin son pavillon de fleurs de pois au cœur de son jardin verdoyant et s'est glissé dans le lit en plume de colibri… Il s'est endormi immédiatement.

Le lendemain, la première chose qu'il a voulu faire a été de visiter le somptueux palais dans lequel il se trouvait et qui venait de surgir de son petit pois. C'était magnifique ! Trésor des Fèves était étonné à chaque pas qu'il faisait. Il y avait un grand musée à l'intérieur du château avec de nombreux tableaux, des médailles[70], des insectes et des coquillages. Il y avait aussi une immense bibliothèque dans laquelle on pouvait trouver des livres fascinants, tous plus intéressants les uns que les autres. Ce qu'il y avait de plus utile dans les sciences humaines et de plus passionnant en littérature s'y trouvait : des contes de fées, des récits de voyage, des almanachs[71], des traités de toute sorte, de la poésie, de la philosophie. Il y avait aussi dans le palais une grande salle remplie d'instruments de musique et de partitions pour chacun des instruments qui s'y trouvaient. On pouvait y apprendre à jouer du piano, de la flûte et du hautbois, du violon et du violoncelle bien sûr, de la guitare, de la harpe, des percussions… Un vrai trésor !

Trésor des Fèves a tout de suite décidé de se mettre à faire l'inventaire de toutes les merveilles de son château… Alors qu'il était à l'ouvrage, il a soudain vu son image dans un miroir et il a été fort surpris : on aurait dit qu'il

---

70. **médaille** : pièce de métal, généralement circulaire, frappée ou fondue en l'honneur d'un personnage illustre ou en souvenir d'un événement.
71. **almanach** : calendrier accompagné d'observations astronomiques, de prévisions météorologiques, de conseils pratiques relatifs aux travaux à faire selon la saison.

avait grandi de plus de trois pieds depuis la veille… Lui qui était si petit auparavant, c'était maintenant un beau jeune homme avec une fine moustache brune sur la lèvre supérieure. En regardant un calendrier qui se trouvait dans la bibliothèque, il s'est alors rendu compte qu'il avait réellement vieilli de six ans.

— Six ans, malheur ! Et mes pauvres parents qui m'attendent, ils doivent être morts de tristesse ! Ils auront pensé que je les ai abandonnés…

Trésor des Fèves était vraiment très triste et il s'est mis à pleurer. Il est sorti du château en courant et s'est mis à errer[72] dans les plaines aux alentours[73], sans faire attention où il allait.

— Et que puis-je souhaiter, maintenant que mes parents sont sûrement morts et que Fleur des Pois est mariée depuis six ans, car elle devait se marier le jour où je l'ai rencontrée, le jour de ses dix ans, comme le veut la tradition du mariage des princesses… Que m'importe le monde entier, puisque j'ai perdu pour toujours les êtres que j'aimais… Je ne désire plus rien puisque ma petite chaumière, mes pauvres parents et mon petit champ de fèves n'existent plus…

Trésor des Fèves a alors sorti le dernier petit pois vert que lui avait donné la princesse, l'a jeté de toutes ses forces par terre et s'est écroulé par terre sous l'effet de l'accablement[74] et de la douleur.

Quand il s'est relevé, tout l'aspect de la plaine avait changé. Elle s'était transformée en une jolie vallée[75] pleine

---

72. **errer** : aller quelque part sans but précis.
73. **alentours** : espace qui entoure un lieu.
74. **accablement** : grande tristesse, découragement, dépression.
75. **vallée** : espace entre deux montagnes, où coule souvent une rivière ou un fleuve.

d'arbres, de fruits et de champs à perte de vue. Il a soudain reconnu sa ferme, son champ de fèves et ses deux parents qui couraient vers lui de toute la force de leurs vieilles jambes. Ils l'ont embrassé, serré dans leurs bras et lui ont expliqué que tous les jours ils avaient reçu de ses nouvelles ainsi que quelques petits cadeaux – des petites douceurs[76] à manger, des vêtements très confortables, du bois pour le chauffage de la maison, des couvertures en plumes bien chaudes qui avaient amélioré leur vie quotidienne.

Trésor des Fèves les a embrassés, les a pris dans ses bras et les a accompagnés vers son palais. Il était tellement heureux de les revoir… Il ne lui manquait qu'une seule chose. Il a dit à ses parents avec un air malheureux :

– Ah ! Si vous aviez vu Fleur des Pois, comme elle était belle et gentille ! Mais il y a six ans maintenant qu'elle est mariée !

– … Et que je suis mariée avec toi, dit Fleur des Pois en ouvrant la porte du château de Trésor des Fèves. Rappelle-toi que je t'ai dit que mon choix était fait : c'était toi !

Et elle a ajouté en embrassant les deux petits vieux : « Entrez ici chez votre fils : c'est un pays imaginaire où l'on ne vieillit plus et où l'on ne meurt pas ». Les fêtes du mariage ont été très belles et joyeuses et leur famille a été un parfait exemple d'amour et de bonheur.

---

76. **douceurs** : plats très fins, au goût, agréables.

Les quatre talismans

Il y a à Damas un vieillard[1] très riche qu'on appelle le Bienfaisant parce qu'il n'utilise l'argent qu'il possède que pour adoucir les peines[2] de ceux qui viennent le voir et des gens autour de lui. Il est né pauvre et pendant longtemps, il a travaillé comme porteur de fardeaux[3] pour les riches marchands, puis il a ouvert son propre négoce[4] et a gagné de l'argent petit à petit, toujours de façon honnête.

Un jour, trois voyageurs se sont présentés à sa porte. Ses domestiques les ont reçus et lavés, leur ont donné des vêtements propres et neufs, une bourse remplie d'or à chacun et ils ont partagé avec le vieux Bienfaisant et ses enfants un repas copieux[5] et sain. À la fin du repas, le vieillard s'est adressé au plus âgé des trois vieux voyageurs et lui a demandé pourquoi il venait le voir. Celui-ci a alors pris la parole et voici ce qu'il a dit :

Histoire de Douban le Riche

Seigneur, je m'appelle Douban et je suis né en Perse. J'ai trois frères plus jeunes que moi : Mahoud, Pirouz et Ebid. Notre mère est morte très jeune et notre père s'est remarié avec une femme mauvaise, avare[6], perfide[7] et fourbe[8], qui a formé le projet de s'approprier notre immense fortune en nous faisant disparaître. Un jour que notre père était en voyage, elle nous a proposé de faire un grand voyage avec elle ; nous avons voyagé dans une grande calèche aux

---

1. **vieillard** : vieil homme.
2. **adoucir les peines** : alléger les malheurs, les tristesses (de quelqu'un).
3. **fardeau** : chose lourde, poids.
4. **négoce** : magasin, boutique.
5. **copieux** : abondant.
6. **avare** : qui aime l'argent par dessus tout.
7. **perfide** : hypocrite, faux, déloyal.
8. **fourbe** : rusé, faux.

fenêtres fermées pendant plus de soixante jours. Nous sommes arrivés dans une grande forêt, où nous nous sommes tous arrêtés pour manger. Notre belle-mère[9] nous a apporté des mets[10] délicieux et beaucoup de vin, et nous nous sommes soudain endormis d'un sommeil très lourd. Quand nous nous sommes réveillés, Mahoud, Pirouz et moi, elle avait disparu avec la calèche : nous étions totalement perdus. Notre petit frère Ebid dormait toujours tranquillement, et nous nous sommes mis à pleurer de désespoir[11]. Nous avons pleuré tellement fort qu'un grand génie[12] à un seul œil est arrivé. Il s'est mis à parler :

– Je veux avoir pitié[13] de vous, les trois frères qui pleurez, et faire à chacun un cadeau qui pourra vous être utile toute votre vie ; je vais vous faire don de la fortune, du plaisir et de la science. Douban, je te donne cette amulette[14] et je te la mets autour du cou. Grâce à elle, tu pourras posséder tous les trésors cachés de ce monde et être toujours l'homme le plus riche parmi tous. Mahoud, toi qui n'es pas particulièrement beau, je te donne, grâce à cette seconde amulette, la faculté d'être aimé au premier regard de toutes les femmes que tu rencontreras sur ton chemin. Pirouz, je te donne ce talisman qui va te permettre de calmer toutes les douleurs et de guérir toutes les maladies. Mais attention, ces amulettes perdent leurs pouvoirs magiques si elles tombent entre les mains de quelqu'un d'autre.

---

9. **belle-mère** : seconde épouse du père, pour les enfants de sa première femme.
10. **mets** : nourriture très recherchée et très bonne.
11. **désespoir** : grande tristesse, accablement.
12. **génie** : créature imaginaire qui a des pouvoirs fantastiques.
13. **avoir pitié de quelqu'un** : éprouver de la compassion pour quelqu'un.
14. **amulette** : talisman, porte-bonheur.

Le génie nous a donné seulement trois amulettes, il en manquait donc une pour notre petit frère qui dormait encore en souriant dans son sommeil. Comme nous ne voulions pas partager notre trésor avec lui et que nous ne voulions pas l'avoir à notre charge, nous avons fait une chose horrible que je regretterai toute ma vie : nous sommes partis en l'abandonnant[15] seul dans la forêt. Nous avons commencé à marcher pendant quelques jours mais nous nous sommes disputés[16] et nous avons décidé de nous séparer. Chacun est donc parti de son côté.

Après avoir marché seul pendant quelques jours dans le désert, j'ai rencontré une troupe de marchands[17], avec qui j'ai continué mon voyage. Grâce à mon amulette, je me suis rapidement rendu compte que sous les pas de nos chevaux, il y avait beaucoup d'or et qu'il me suffirait de creuser[18] pour devenir très riche. Cependant, il m'était impossible de creuser seul, c'était un travail trop important pour une seule personne. J'ai alors proposé au chef des marchands de m'aider à creuser, sa troupe et lui, en échange de la moitié du trésor que je trouverais sous terre… Et nous en avons trouvé énormément ! Hélas, je me suis vite rendu compte qu'il s'agissait d'une troupe de voleurs qui eurent tôt fait de me prendre tout l'or que nous avions trouvé. Ensuite, pour se débarrasser de moi, ils m'ont donné tellement de coups de bâton que je me suis évanoui[19] et qu'ils m'ont cru mort.

Quand je me suis réveillé, j'étais près d'un ruisseau[20]. Un vieillard avec une grande barbe blanche se trouvait près de

---

15. **abandonner** : quitter, laisser seul, négliger quelque chose ou quelqu'un.
16. **se disputer** : se quereller.
17. **marchand** : quelqu'un qui a une activité commerciale.
18. **creuser** : enlever de la matière (ici de la terre) en créant une cavité.
19. **s'évanouir** : perdre connaissance.
20. **ruisseau** : petit fleuve, rivière.

moi et soignait[21] mes blessures[22]. C'était le scheick Abou Bedil. Il m'a emmené chez lui et j'ai pu me reposer. C'était un homme bon et généreux, qui avait été très riche autrefois, mais qui avait renoncé[23] au pouvoir et à la richesse pour vivre une vie simple et sans luxe dans un petit château, et cultiver ses roses, ses fruits et ses légumes. Je suis resté chez lui quelque temps et je me suis à nouveau rendu compte, grâce à mon amulette, qu'il y avait énormément d'or dans le jardin du château. Un jour, je lui ai demandé l'autorisation de creuser dans son jardin, en lui disant que je lui donnerais la moitié de l'or que je trouverais. Il m'a répondu :

– Mon fils, cet or ne m'intéresse pas, car je ne veux pas qu'il dérange la vie simple et facile que je mène. Sache que l'or apporte toujours plus de mal que de bien, et je préférerai toujours une seule de mes roses à tout l'or du monde. Creuse donc si tu le veux, va donc parcourir[24] le monde avec l'or que tu trouveras, et n'oublie pas d'être indulgent[25] et miséricordieux[26] envers tout le monde, ne te mêle pas de la politique et essaie d'apprendre un métier.

Avec tout l'or que j'ai trouvé dans le jardin du scheick, accompagné d'une escorte qui portait le trésor, je suis parti en direction de Bagdad, où je voulais rencontrer le calife. Je voulais offrir un présent à ce dernier lors de notre première rencontre. En arrivant aux portes de la ville, j'ai reconnu la troupe de voleurs arrivée avant moi. Je me suis caché et j'ai décidé d'entrer seul dans la ville et de me présenter au palais

---

21. **soigner** : apporter des soins, donner des remèdes à un malade.
22. **blessure** : plaie, fracture générée par un accident.
23. **renoncer** : décider de refuser quelque chose.
24. **parcourir** : traverser, explorer un endroit.
25. **indulgent** : charitable, généreux.
26. **miséricordieux** : qui a pitié des autres, altruiste.

du calife. Quand le calife m'a reçu, je lui ai raconté mon histoire et je lui ai demandé d'un ton humble[27] :

– Calife, pourrais-tu me fournir une troupe de tes soldats pour réussir à récupérer le bien que ces brigands m'ont volé ? En échange, je te donnerai tout l'or qui m'a été dérobé.

Le calife a réfléchi et a répondu :

– Je t'accorde une troupe de soldats pour punir ces voleurs et j'accepte le cadeau que tu m'offres. En plus de cela, sache que je te nomme Grand Vizir pour m'aider à résoudre les affaires publiques de ma ville.

J'ai refusé poliment de devenir Grand Vizir car je n'étais pas intéressé par la politique. Je me suis tout de même installé dans la ville et j'ai commencé à acheter beaucoup de choses avec mon or : des palais, des bijoux, des femmes, des chameaux et des chevaux… tout ce qui me passait par la tête !

J'étais bien imprudent, hélas ! Le Grand Vizir, qui avait eu très peur que je le remplace, me détestait déjà sans même me connaître. De même, beaucoup de nobles et de citoyens puissants étaient très jaloux de mes richesses et complotaient[28] afin de me faire disparaître. Un matin, le Grand Vizir s'est présenté chez moi. C'était un vieil homme très avare et très cupide. Il m'a montré un mandat d'arrêt[29] en me disant :

– Nous savons tous que tes richesses proviennent du sol de nos pères que tu as volés, en utilisant un don que le diable lui-même t'a accordé. Sache donc que nous te confisquons[30] tous tes biens et que nous te jetons en prison dès aujourd'hui.

---

27. **humble** : modeste, simple.
28. **comploter** : conspirer, manigancer.
29. **mandat d'arrêt** : document officiel qui autorise les autorités à arrêter quelqu'un et à le jeter en prison.
30. **confisquer** : séquestrer, réquisitionner quelque chose.

Attiré par l'amulette qui brillait à mon cou, il a tiré sur la cordelette et s'en est emparé[31]. Furieux d'avoir perdu mon talisman, j'ai hurlé :

– Sois maudit, Grand Vizir, car ce talisman, si tu me l'avais laissé, aurait pu te procurer bien plus d'or que celui que je possède ! Prends donc tout ce que j'ai mais sache que tu ne sauras pas en profiter !

J'avais raison. Peu de temps plus tard, le Grand Vizir et le calife sont morts, tous deux assassinés par d'autres qui à leur tour étaient jaloux de leurs richesses. Quant à moi, je suis resté trente ans en prison, jusqu'à ce qu'une révolution populaire n'ouvre les portes des prisons. Je me suis échappé[32] de la ville le plus rapidement possible. J'étais libre mais sans argent, sans amis et je ne savais rien faire de mes deux mains. La seule chose que je pouvais faire, c'était retourner dans la maison du vieux Scheick car je me rappelais y avoir laissé la moitié d'un trésor immense. Hélas, quand j'y suis arrivé, j'ai appris que les ouvriers[33] qui m'avaient aidé à cacher l'autre moitié du trésor dans le jardin du vieux scheick l'avaient égorgé[34], sa famille et lui, pour prendre l'or de son jardin. Pauvre scheick, il était mort par ma faute. Depuis, je marche de ville en ville, je vis en mendiant, et vingt ans se sont écoulés ainsi.

Voici l'histoire de Douban le Riche. Le vieillard bienfaisant l'a écouté avec une très grande attention mais comme il était déjà très tard, il s'est levé en bénissant ses hôtes et en leur demandant de revenir le lendemain pour

---

31. **s'emparer de :** prendre, saisir.
32. **s'échapper :** s'enfuir.
33. **ouvrier :** personne qui exerce un travail manuel.
34. **égorger :** couper la gorge.

entendre la suite de leurs récits. Les trois vieillards sont donc revenus le lendemain chez le vieillard Bienfaisant. On leur a offert à nouveau un bon repas, des vêtements chauds et propres et une bourse remplie d'or. Après le repas, le bon vieillard de Damas a demandé au second des trois vieillards de lui raconter à son tour son histoire. Celui-ci s'est donc mis à parler ainsi :

Histoire de Mahoud le Séducteur

Seigneur, je ne te raconterai pas mon enfanc dans le détail, car mon frère aîné vient de le faire. Je suis en effet son frère Mahoud le Séducteur, surnommé « l'amour et les délices des femmes », et dont le nom retentissait, il y a cinquante ans encore, dans tous les harems de l'Orient. Vous savez déjà comment mes frères et moi, après une dispute, nous nous sommes séparés. J'ai donc marché seul, moi aussi, dans le désert, mécontent[35] de mon sort et espérant de tout cœur rencontrer quelques jolies femmes pour connaître les réels pouvoirs de mon amulette. Et en effet, quand je suis arrivé à un premier village, toutes les femmes ont voulu me soigner, me consoler, me séduire et m'offrir leurs faveurs. Ceci a bien sûr mis leurs maris très en colère et j'ai dû m'enfuir en courant pour échapper à leurs coups de bâton.

Un jour, alors que j'essayais d'échapper à une centaine de femmes qui me poursuivaient, j'ai rencontré un marchand d'esclaves qui se rendait en Géorgie pour y acheter des femmes ; en effet, les Géorgiennes sont connues pour être les plus belles femmes du monde. Je me suis tout de suite engagé comme serviteur[36] dans sa troupe afin de pouvoir enfin rencontrer et séduire ces

---

35. **mécontent** : insatisfait.
36. **serviteur** : domestique.

jeunes beautés. Se moquant de moi, le maître de la caravane m'a alors dit :

– Ah, beau Mahoud ! Nous laisseras-tu quelques femmes après ton passage ? Quel dommage que tu n'aies pas pu rencontrer la belle Zénaïb, princesse de Géorgie, la plus belle femme du monde, que j'ai vendue l'année dernière au prince de Chine ! Elle-même m'a dit avant de me quitter qu'elle ne t'avait jamais vu mais que son cœur t'appartenait déjà tout entier et qu'elle rêvait de toi toutes les nuits.

– Zénaïb, la princesse de Géorgie !

Ce nom était pour moi une espèce de révélation merveilleuse, et je suis tombé amoureux d'elle sans même la connaître. J'ai alors essayé par tous les moyens de la retrouver et de la rencontrer. Je me suis séparé du marchand d'esclaves et j'ai continué seul mon chemin. Quand je suis arrivé dans le royaume d'Imérette, quelques femmes m'ont vues et ont commencé à se disputer entre elles pour pouvoir s'approcher de moi. Une grande émeute[37] a alors éclaté. J'ai essayé de me cacher mais les gardes[38] du roi m'ont alors arrêté et jeté en prison. Le lendemain, le roi a voulu me rencontrer. Quand je suis arrivé dans la salle du trône devant lui, il s'est mis à rire :

– Est-ce bien toi, le beau Mahoud dont toutes les femmes tombent amoureuses ? Je ne peux pas le croire ! Tu es vraiment laid, tu es bossu[39], tu boites[40] et tu as le nez et la bouche de travers !... Mais le cœur des femmes est si difficile à comprendre ! J'aurai pitié de toi : pars de mon royaume le plus vite possible et si une seule femme tombe encore amoureuse de toi, je te pendrai[41] !

---

37. **émeute** : révolte.
38. **garde** : soldats.
39. **bossu** : personne qui a une bosse dans le dos, un renflement.
40. **boiter** : marcher en inclinant le corps d'un côté plus que de l'autre.
41. **pendre** : mettre à mort quelqu'un en le suspendant au moyen d'une corde passée autour du cou.

Je suis parti en courant le plus vite possible en cachant mon visage et j'ai recommencé à marcher vers le royaume de Chine, pour retrouver Zénaïb. J'ai alors entendu des pas de chevaux derrière moi et un homme qui m'appelait.

– Prince Mahoud ! Je suis Chélébi, le serviteur de la reine Aïscha. Elle t'a vu parler ce matin dans la salle du trône avec le roi son mari. Quand tu es parti, elle s'est mise à pleurer à l'idée de ne plus te revoir et m'a supplié de te parler en son nom. Elle t'assure de son amour éternel et en attendant ton retour dans notre royaume, elle me demande de te donner ces chevaux, ces vêtements chauds et cet or qui te permettront de survivre et de faire bon voyage.

J'ai pu ainsi continuer mon long chemin plus facilement. Je ne vous raconterai pas tous les tourments[42] que j'ai vécus au cours de ce long, long voyage car à chaque village que je traversais, je devais me cacher des yeux des femmes. Enfin, après de longs mois à cheval, je suis arrivé au royaume de Chine, dans la ville de Canton. Je me suis installé dans une petite chambre, et après m'être longuement préparé, je suis allé vers le château du roi de Chine, la face couverte d'un turban[43]. Heureusement, il faisait très chaud et il y avait peu de personnes dans les rues. Je suis entré dans le château et comme il était presque désert, je me suis assis près de la fontaine et j'ai ôté le turban qui cachait mon visage. Quelle imprudence ! J'ai soudain entendu un cri du haut du balcon : une femme m'avait vu ! Elle est tombée évanouie sur son balcon, mais j'ai eu le temps de l'apercevoir et de me rendre compte qu'elle était très belle.

Je me suis tout de suite enfui du palais en courant car

---

42. **tourment** : grande douleur physique ou morale.
43. **turban** : long morceau de tissu que l'on enroule autour du corps ou de la tête.

je ne voulais pas qu'on me reconnaisse ni devoir m'enfuir à nouveau. Mon but était de retrouver la princesse Zénaïb et de faire en sorte qu'elle me voie, mais je ne savais pas du tout comment m'y prendre. De retour dans ma chambre, je me suis senti désespéré[44] et je me suis mis à pleurer à chaudes larmes.

J'ai entendu alors des pas près de moi et une voix désagréable qui m'appelait sur le pas de la porte. Quand j'ai ouvert la porte, j'ai vu la plus hideuse[45] des petites vieilles. Elle était grosse, difforme[46] et sale. Son visage était ridé et tout gonflé, ses yeux avaient une expression perfide et mauvaise, son nez était crochu, ses lèvres étaient pleines de verrues et souriaient d'un air fourbe. Quand elle m'a vu, l'expression de son méchant visage a changé et elle s'est mise à parler d'une voix mielleuse[47], qu'elle cherchait à rendre douce ; hélas, j'ai compris qu'elle était elle aussi tombée amoureuse de moi. Elle m'a dit :

– Je m'appelle Boudroubougoul et j'ai un message pour toi de la part de ma maîtresse ; elle t'a vue ce matin dans le parc du château et te donne rendez-vous ce soir dans ses appartements. Voici la clé qui te permettra d'entrer dans le château. Sache que tu es le plus fortuné des hommes car personne à part le roi de Chine n'a pu avoir les faveurs de la belle Zénaïb !

En entendant ce nom, je me suis mis à pleurer de joie ! Enfin, j'avais trouvé ma belle Zénaïb ! C'était bien elle la femme qui s'était évanouie dans le palais ce matin en me voyant ! Je me suis préparé longuement et la nuit même, je suis entré dans la chambre de Zénaib qui m'attendait. Nous nous sommes regardés et serrés longuement,

---

44. **désespéré** : sans espoir, très triste.
45. **hideux** : très laid.
46. **difforme** : qui n'a plus de forme.
47. **mielleux** : qui a une douceur affectée, fausse, hypocrite.

tellement nous étions heureux de nous voir, enfin. Mais au moment où j'allais l'embrasser, la porte de l'appartement s'est ouverte et le roi de Chine est entré, suivi de la vieille servante. Elle nous avait trahis. Le roi de Chine a dit, plein de colère :

– Alors c'est bien vrai, le prince Mahoud est vraiment entré dans la chambre de ma favorite. Zénaïb, je te donnerai comme femme au dernier de mes esclaves ; quant à toi Mahoud, tu mourras bientôt dans les pires tortures !

À ces mots, la petite vieille s'est mise à parler au roi :
– Sire, permets-moi de te supplier de ne pas le tuer. Comme récompense pour vous avoir avertis de la trahison de Zénaïb, je te demande Mahoud en mariage ; tu sais que j'ai agi uniquement par jalousie et que j'aime Mahoud follement. Je veux donc l'épouser sur le champ.
Le roi de Chine s'est mis à rire :
– Pourquoi pas, si c'est ce que tu veux, Boudroubougoul ! D'ailleurs, devenir ton époux est une torture bien pire que la mort ! Je te fais cadeau de ma plus grande forteresse[48] ainsi que de cent gardes pour être sûr qu'il ne s'échappera pas.

Mon mariage avec Boudroubougoul a donc été célébré et nous sommes allés vivre, entourés de cent soldats, dans la grande forteresse. Je ne vous raconterai pas en détail quelle a été ma vie dans la forteresse, sachez seulement que Boudroubougoul est devenue encore plus vieille, plus violente et plus méchante. J'ai passé trente ans avec elle, à sa merci, dans la forteresse, où elle passait son temps à me surveiller et à me torturer par ses caresses odieuses[49].

Une nuit, elle a décidé de me voler l'amulette que

---

48. **forteresse** : grand château entouré par des murs infranchissables.
49. **odieux** : digne d'être détesté.

j'avais autour du cou par jalousie, en croyant qu'il s'agissait du cadeau d'une autre femme. Quand je me suis réveillé, elle avait déjà brûlé l'amulette et tous mes pouvoirs de séduction avaient donc disparu. Elle ne me reconnaissait même plus et m'a immédiatement chassé du château ! Enfin, j'étais libre, mais j'étais aussi le plus pauvre des hommes car j'étais devenu vieux et je ne pouvais plus séduire aucune femme. Je me suis alors mis à mendier, comme mon frère que vous avez écouté hier, et quand je suis arrivé à Damas, j'ai entendu parler de vos bontés et de votre bienfaisance[50]. Devant la porte, j'ai rencontré ces deux vieillards, dont l'un est mon frère.

Vous avez donc entendu l'histoire de Mahoud le Séducteur, qui avait le don d'être aimé de toutes les femmes, qui avait refusé le cœur des plus grandes reines à vingt ans, qui est resté enfermé et torturé dans une forteresse pendant trente ans, et qui depuis vit de petites aumônes[51] du peuple.

Le vieillard bienfaisant l'a écouté avec une très grande attention mais comme il était déjà très tard, il s'est levé en bénissant ses hôtes et en leur demandant de revenir le lendemain pour entendre la suite de leurs récits[52]. Le lendemain, les trois vieillards sont donc revenus chez le vieillard bienfaisant. On leur a donné à nouveau un bon repas, des vêtements chauds et propres et une bourse remplie d'or. Après le repas, le bon vieillard de Damas a demandé au dernier des trois vieillards de lui raconter son histoire à son tour. Celui-ci s'est donc mis à parler ainsi :

---

50. **bienfaisance** : gentillesse, générosité.
51. **aumône** : don charitable fait aux pauvres, charité.
52. **récit** : histoire, conte.

Histoire de Pirouz le Savant

Seigneur, je ne te raconterai pas les détails de mon enfance, car mes deux frères viennent de le faire. Je suis en effet leur petit frère Pirouz, surnommé dans tout l'Orient « Pirouz le Savant ». C'est moi qui ai reçu du génie de la montagne le talisman qui permet de connaître le secret de toutes les maladies et d'y porter remède[53]. Quand mes frères et moi nous nous sommes disputés, je suis parti marcher seul dans ma direction et j'ai commencé à cueillir[54] toutes sortes d'herbes sur mon chemin. Je commençais à avoir très faim quand j'ai entendu les bruits de quelques voyageurs au loin. Je me suis approché et me suis rendu compte qu'il s'agissait d'un rassemblement à l'occasion d'un enterrement[55]. On m'a expliqué que le conseiller du roi avait eu un accident de chasse, qu'il était mort et était sur le point d'être enterré. Je me suis présenté comme médecin et j'ai demandé à voir le cadavre ; je me suis évidemment rendu compte que ce grand seigneur n'était pas encore mort et j'ai réussi à le guérir[56] grâce aux herbes que j'avais ramassées sur mon chemin. Dès qu'il s'est remis, le seigneur m'a remercié chaleureusement, m'a fait manger des mets délicieux et m'a offert des cadeaux somptueux[57].

Je l'ai suivi au Caire et j'ai commencé à pratiquer la médecine sous sa protection. Quand nous sommes arrivés en ville, il y avait une grande épidémie et les morts se comptaient par centaines. Très vite, ma renommée[58] a

---

53. **porter remède** : soigner une maladie.
54. **cueillir** : couper par la queue.
55. **enterrement** : cérémonie marquant la mise en terre d'une personne défunte.
56. **guérir** : soigner.
57. **somptueux** : très riche.
58. **renommée** : connaissance de quelque chose ou de quelqu'un par un grand public. Célébrité, gloire.

grandi car il n'y avait pas un malade que je n'arrivais pas à guérir : tout le monde voulait venir me consulter. Évidemment, beaucoup de confrères médecins de la ville, parfois fort riches et fort célèbres, ont commencé à être jaloux et envieux[59] de mon succès : comme j'exerçais la médecine sans avoir de diplôme de médecin, ils m'ont assigné devant un tribunal, afin que je prouve mes connaissances en médecine. Les questions que les juges m'ont posées étaient toutes plus sottes[60] les unes que les autres et j'ai été condamné à la prison à vie. On m'a jeté dans un cachot[61]. J'étais si jeune, j'étais désespéré. Je suis resté en prison pendant plus de trente ans, et pendant plus de trente ans, j'ai souhaité la mort.

Entre-temps, le roi d'Égypte était devenu vieux et il se trouvait affecté[62] d'un mal inconnu que les médecins n'arrivaient pas à guérir. Il s'est alors souvenu de l'existence d'un médecin persan dans ses prisons : c'était moi. Ses soldats sont venus me chercher et on m'a dit que si je réussissais à guérir le roi d'Égypte, j'étais un homme riche. S'il mourrait, je serais tué sur le champ dans les plus terribles tortures[63]. J'avais très peur mais j'ai accepté. Sur le chemin vers le château, j'ai rencontré de nombreux malades qui venaient vers moi et j'ai réussi à tous les guérir : ceci me prouvait que même au bout de trente ans, mon talisman fonctionnait encore et j'ai repris peu à peu confiance en moi.

Quand je suis arrivé dans la chambre du roi, j'ai vu un homme qui semblait déjà appartenir à l'au-delà, un homme entre la vie et la mort, blanc comme un linge, les yeux fermés, qui semblait déjà ne plus respirer. J'espérais

---

59. **envieux** : qui manifeste de l'énvie à l'égard de quelqu'un.
60. **sot(te)** : stupide, bête.
61. **cachot** : la cellule d'une prison.
62. **affecté** : touché par quelque chose de mauvais (une maladie par exemple).
63. **torture** : sévisse, supplice.

de tout cœur pouvoir le sauver mais hélas, mon amulette ne me disait rien ! Pour la première fois depuis ma rencontre avec le génie, elle était totalement muette. Le médecin officiel, jaloux de moi et vexé[64] que le souverain m'ait fait appeler, a souri d'un air ironique. Je me suis jeté aux pieds du roi en lui disant :

– Sire, ou votre majesté n'est pas malade, ou bien le mal dont elle est frappée se dérobe à mon savoir impuissant. En rassemblant toutes ses forces, le roi très en colère a dit à ses gardes : « À mort ! Aux lions ». J'étais désespéré.

Alors que les soldats allaient m'emmener, le médecin du roi les a arrêtés d'une main et a demandé au roi :

– Sire, je vous prie de bien vouloir me laisser m'occuper de lui et le mettre à mort moi-même ; votre vengeance est bien trop douce. J'aimerais, si vous acceptez, le découper moi-même en morceaux afin de découvrir au plus profond de ses entrailles le secret de votre maladie et la façon d'y porter remède : c'est uniquement mon amour pour vous qui me porte à exprimer cette prière. Le roi a dit oui avec un sourire cruel et j'ai perdu connaissance[65].

Quand je me suis réveillé, j'étais couché sur une table, les pieds et les poings liés. Dans la pièce autour de moi, il y avait de nombreux couteaux bien acérés[66], des bistouris[67], des pinces, bref tout ce qui était nécessaire à un chirurgien pour effectuer des opérations sur ses patients. J'étais terrorisé[68]. J'apercevais par la fenêtre les murs d'une magnifique villa et le Nil au loin, et j'ai compris que je devais être dans la résidence d'été du médecin du roi qui devait me mettre à mort[69]. Les

---

64. **vexé** : fâché, humilié, froissé.
65. **perdre connaissance** : s'évanouir.
66. **acéré** : qui coupe beaucoup.
67. **bistouri** : instrument utilisé par le chirurgien pour effectuer une opération.
68. **terrorisé** : qui a très peur.
69. **mettre à mort** : tuer, assassiner.

domestiques autour de moi continuaient à préparer les couteaux et les instruments quand j'ai entendu des pas lourds, lents et solennels qui montaient les escaliers. C'était mon bourreau[70]. Il est entré, m'a salué et a dit à ses esclaves :

– Détachez donc notre invité et apportez-nous du bon vin et les mets les plus fins de cette maison, afin de restaurer notre hôte. Ensuite, allez-vous-en et revenez seulement lorsque je vous le demanderai.

On m'a détaché du lit et on nous a laissés seuls. J'ai pensé que le médecin voulait me droguer ou me soûler[71] pour mieux me découper par la suite. Il m'a fait asseoir à la table, m'a donné un verre et m'a dit en jouant négligemment avec son couteau bien affilé[72] :

– Buvons, cher confrère, à l'honneur de vos glorieux succès passés. J'ai été témoin encore ce matin, quand vous vous êtes rendus au château, de l'ampleur de vos connaissances en médecine. Quel est votre secret ? Si vous me le donnez, sachez que je saurai vous récompenser. Si par contre vous résistez et que vous décidez de vous taire, sachez que je n'hésiterai pas à mettre en pratique la promesse que j'ai faite au roi de vous découper en morceaux…

– Mon cher confrère, ai-je répondu, je comprends bien que je ne suis pas dans la position de négocier car c'est ma vie qui est en jeu. Préparez-moi donc un bateau rempli d'or et de nourriture afin que je puisse partir et quitter l'Égypte sans être vu, et je vous livrerai mon secret.

J'ai attendu que tout soit prêt, que le bateau soit sur le point de partir et au moment du signal du départ, je lui ai donné mon amulette. Bien sûr, elle perdait toute sa valeur

---

70. **bourreau** : personne qui est chargée d'exécuter la peine de mort.
71. **soûler** : donner de l'alcool à boire à quelqu'un jusqu'à l'ivresse.
72. **affilé** : très tranchant.

en tombant dans d'autres mains, mais je ne lui ai pas dit…

Mon voyage en bateau n'a pas été très long car mes ressources se sont épuisées rapidement. J'ai alors erré[73] à travers le monde ; comme je me souvenais de certains des remèdes que j'avais prescrits quand j'avais encore mon amulette, j'ai travaillé comme médecin et je suis allé un peu partout pour guérir des malades, un peu au hasard. Cependant, quelques échecs ont compromis ma réputation et j'ai été interdit de pratiquer la médecine, sous peine d'avoir les mains et les oreilles coupées. Je me suis donc résigné à mendier, et je suis arrivé à Damas, où j'ai entendu parler de votre bonté. C'est devant votre porte que j'ai rencontré hier mes deux frères Douban et Mahoud.

À ces derniers mots, les trois frères se sont levés et ont demandé au vieillard bienfaisant la permission de s'embrasser. Celui-ci a acquiescé[74] et les a embrassés à leur tour en versant quelques larmes. Il s'est ensuite rassis et leur a dit :

– C'est à moi de vous apprendre maintenant comment je suis parvenu à cette éclatante prospérité que je vais partager avec vous ; car je suis votre frère Ebid, que vous avez laissé pour mort dans la montagne. Laissez-moi, à mon tour, vous raconter mon histoire :

Histoire d'Ebid le bienfaisant

Mon histoire ne sera pas longue à raconter. Il arrive peu de choses aux hommes simples qui obéissent naïvement[75] à la nature et qui utilisent leurs forces à travailler avec patience. Quand je me suis retrouvé seul dans la forêt, j'ai

---

73. **errer** : marcher sans but précis.
74. **acquiescer** : dire oui, accepter.
75. **naïvement** : ingénument.

eu très peur et je me suis mis à pleurer. Le génie de la montagne, que j'avais réveillé, est venu vers moi, impatient et en colère car c'était un génie très paresseux[76] et il voulait dormir. Quand il a vu que je n'étais qu'un enfant, il a eu pitié de moi et il m'a dit :

— Petit, je ne peux plus rien te donner car j'ai déjà donné mes talismans à tes frères ; ce sont les seuls que j'avais car je n'ai personnellement besoin de rien pour vivre. La seule chose que je peux te donner, c'est ce gros sac qu'un voyageur a un jour oublié et que j'ai conservé ; regarde à l'intérieur, peut-être que tu y trouveras quelque chose qui pourra t'être utile.

Sur ces mots, le génie est parti en me caressant la tête, et j'ai regardé dans le sac. Il était plein d'outils[77] dont je ne connaissais pas l'usage[78], mais que j'ai regardés par curiosité. Je suis parti dans une direction au hasard, après avoir bien équilibré sur mes deux épaules le sac de provisions et le sac que m'avait donné le génie. Quand mes provisions se sont épuisées[79], j'ai cueilli des fruits et des céréales grâce à un des outils que j'avais trouvé à l'intérieur du sac. La nuit, pour me protéger des bêtes sauvages, j'ai coupé des morceaux de bois et je les ai liés entre eux pour me protéger, avec une scie[80] qui se trouvait dans le sac. J'ai cousu[81] et raccommodé des vêtements avec du fil et une grosse aiguille provenant aussi du sac. Chemin faisant[82], j'ai appris à utiliser avec dextérité[83] tous les outils du sac du génie et quand je suis arrivé à Damas,

---

76. **paresseux** : qui n'aime pas travailler.
77. **outil** : instrument.
78. **usage** : utilisation.
79. **s'épuiser** : disparaître comme ressource, se vider.
80. **scie** : instrument qui sert à couper du bois.
81. **cousu** : participe passé du verbe coudre, lier avec des fils.
82. **chemin faisant** : en chemin, en marchant.
83. **dextérité** : agilité.

j'étais devenu un jeune homme svelte et léger, adroit[84] et intelligent et surtout un ouvrier très habile.

À Damas, il m'a été facile de trouver un travail. Au bout d'un jour, j'avais gagné ma journée, au bout d'une semaine, j'avais mis de côté un jour de travail et petit à petit, j'ai mis de côté assez d'argent pour vivre aisément[85]. À trente ans, le soin que je mettais à mon travail a attiré l'attention des manufacturiers[86] qui m'ont pris sous leur protection et le plus fortuné d'entre eux m'a donné en mariage sa fille dont j'étais tombé secrètement amoureux. Quand nous nous sommes mariés, j'avais centuplé[87] sa fortune. J'ai toujours fait bon usage des biens qu'il m'avait laissés et je veux continuer à le faire, en saluant sa mémoire, en vivant honnêtement et en protégeant ma famille et mes amis dont vous faites partie ; je ne vous ai jamais oubliés et j'ai toujours eu l'espoir de vous revoir et de pouvoir vous serrer dans mes bras. Il n'y a pas d'âge pour être heureux et je suis sûr que nous le serons ensemble et que nous serons d'accord pour convenir[88] que de tous les talismans qui promettent le bonheur aux vaines[89] ambitions de l'homme, il n'en existe pas de plus sûr que le travail.

---

84. **adroit** : agile.
85. **aisément** : facilement.
86. **manufacturier** : producteur, fabricant.
87. **centupler** : multiplier par cent.
88. **convenir** : admettre, être d'accord.
89. **vain** : inutile.

Exercices sur *Les aveugles de Chamouny*

1) Dites si les affirmations suivantes sont vraies (V) ou fausses (F).

	V	F
1. Gervais et Eulalie avaient l'habitude de s'asseoir par terre dans les montagnes.	❏	❏
2. Les cheveux de Gervais sont clairs et un peu frisés.	❏	❏
3. Eulalie et son père vivaient dans une petite maison à Chamouny.	❏	❏
4. Le chien du narrateur et celui de Gervais avaient le même nom.	❏	❏
5. À Milan, Eulalie portait une robe verte.	❏	❏
6. Eulalie semblait être très heureuse et riait beaucoup.	❏	❏
7. L'aventurier a volé tous les bijoux d'Eulalie.	❏	❏
8. Quand le narrateur a parlé de Gervais, Eulalie a perdu connaissance.	❏	❏
9. La lettre que Gervais a lue a été postée en France.	❏	❏
10. Quand Gervais a disparu, il portait une veste grise.	❏	❏

→ Voir corrigés, page 75

2) Parmi les adjectifs suivants, choisissez ceux qui se réfèrent aux personnages du récit : Gervais (1), Eulalie (2), le narrateur (3).

A. Jaloux / Jalouse	1❏ 2❏ 3❏
B. Compréhensif / Compréhensive	1❏ 2❏ 3❏
C. Infidèle	1❏ 2❏ 3❏
D. Superficiel / Superficielle	1❏ 2❏ 3❏

E. Amical / Amicale   1❏ 2❏ 3❏
F. Malheureux / Malheureuse   1❏ 2❏ 3❏
G. Rêveur / Rêveuse   1❏ 2❏ 3❏
H. En colère   1❏ 2❏ 3❏
I. Généreux / Généreuse   1❏ 2❏ 3❏

→ Voir corrigés, page 75

3) Dans ce portait d'Eulalie, rayez les adjectifs et expressions qui vous semblent ne pas lui correspondre.

riche • menteuse • fidèle en amour • généreuse • souriante • jolie • gentille • simple • franche • superficielle • casanière • artiste • grande lectrice • élégante • timide • mélancolique • sensible • snob • blonde • grossière

→ Voir corrigés, page 75

Exercices sur *Paul ou la ressemblance*

1) Paul a raconté ce qui s'est passé à un de ses amis. Mettez les verbes en gras à l'imparfait ou au plus-que-parfait en apportant les transformations nécessaires.

Ce que **demande** _____ ce bon vieillard, je **suis** _____ incapable de lui donner : il **cherche** _____ un fils et j'**ai** _____ déjà un père. C'est à mon père que je **dois** _____ la tendresse et les soins d'un fils, et le cœur d'un fils n'est pas à vendre.

Je **peux** _____ offrir à ce bon M. Despin toute ma reconnaissance mais je **n'arrive** _____ pas à lui offrir plus. Les sentiments qu'il **recherche** _____ **appartiennent** _____ à un autre vieillard qui m'**a nourri** _____, qui m'**a élevé** _____, qui m'**a réchauffé** _____, qui **a pleuré** _____ pour moi : je **ne veux** _____ pas le renier, ni renier mes neuf frères. Vous **pouvez** _____ peut-être me dire que je pourrais, avec mon argent, lui rendre la vie plus douce .... Mais cela ne me **justifie** _____ pas devant ma propre conscience. Non, je ne **peux** _____ prendre la vie d'un autre et abandonner mon passé et ma famille ; cela **vaut** _____ mieux que de l'argent.

→ Voir corrigés, page 75

2) Dans les phrases suivantes, remplacez les mots masculins par les mots féminins entre parenthèses en apportant les transformations nécessaires.

Le vieux monsieur (dame) a un visage (figure) noble et doux, des cheveux (chevelure) blancs mais fournis et un air (attitude) très respectueux. Il porte un long manteau (veste) gris en tissu (laine) bien chaud, une cravate, un chapeau (casquette) noir et de beaux souliers (chaussures) en cuir. Il (elle) semble inquiet, très attristé et mélancolique.

→ Voir corrigés, page 75

3) Dites si les affirmations suivantes sont vraies (V) ou fausses (F).

	V	F
1. Paul est le fils du marquis de Louvois.	❏	❏
2. Paul est fils unique.	❏	❏
3. Le cheval du vieillard aux cheveux blancs n'est pas assez rapide pour dépasser la calèche du marquis.	❏	❏
4. Le marquis de Louvois et Paul s'arrêtent au relais de Pierrefitte pour y passer la nuit parce qu'un arbre s'est abattu sur la route.	❏	❏
5. M. Despin est le maire d'un petit village.	❏	❏
6. La femme de M. Despin a perdu connaissance sur la tombe de leur enfant.	❏	❏
7. Une bohémienne a prédit à Paul qu'il deviendrait riche en dormant.	❏	❏
8. Paul décide d'accepter la proposition de M. Despin.	❏	❏
9. Paul a peur que son père le considère comme un étranger.	❏	❏
10. M. Despin lit la lettre d'adieu du marquis avec attention.	❏	❏

→ Voir corrigés, page 75

4) Relisez le texte du conte, puis retrouvez les mots qui manquent.

_____ 4 août 1834, le marquis de Louvois voyage en calèche dans les Pyrénées, _____ la jolie route qui mène _____ Argelès. Son jeune domestique, Paul, est assis _____ le siège de sa voiture. Paul _____ le fils d'un pauvre marchand de bestiaux qui a dix autres enfants. _____ sa famille n'a pas beaucoup d'argent, il est très content de travailler _____ le marquis de Louvois, _____ est un maître bon et généreux.

Sur la belle route ombragée qu'ils empruntent _____ des forêts, un vieillard est _____ sur son cheval et essaie de les dépasser ; cependant, sa monture n'est pas _____ forte pour rivaliser avec la vitesse _____ calèche et bientôt sa silhouette disparaît au loin sur la route.

→ Voir corrigés, page 75

Exercices sur *Baptiste Montauban*

1) Remettez les phrases suivantes dans l'ordre chronologique du récit.

1. (__) Nous avons rencontré un ami à cheval sur le chemin qui nous a annoncé le mariage de Rosalie pour le lendemain. Baptiste n'a pas paru comprendre et ne m'a plus parlé. Je suis donc parti.
2. (__) Comme il ne me répondait pas, sa mère m'a invité à entrer dans leur maison pour manger quelques fruits. Leur maison était pleine de jolis oiseaux.
3. (__) Les noces de Rosalie se sont déroulées le lendemain. La mariée semblait très triste.

4. (__) Je voulais arriver au château avant la nuit et sa mère a demandé à Baptiste de mettre son manteau bleu et ses chaussures rouges pour m'accompagner jusqu'aux limites du domaine de M. Dubourg.

5. (__) Sa mère m'a expliqué que son fils Baptiste avait perdu la tête, après avoir été éloigné du château de M. Dubourg où il avait passé son enfance, en compagnie de sa fille Rosalie.

6. (__) Je me suis approché du jeune homme pour lui demander mon chemin.

7. (__) Quand je suis revenu vers le village, le lendemain du mariage, j'ai remarqué que des barques sillonnaient la rivière et semblaient chercher quelque chose. Lorsque j'ai vu un manteau bleu et des chaussures rouges flotter dans l'eau, j'ai compris que Baptiste s'était noyé de chagrin.

8. (__) J'ai vu une jolie maison blanche et un jeune homme blond qui travaillait, assis devant la maison.

9. (__) En chemin, j'ai été très surpris quand je me suis rendu compte que Baptiste parlait aux oiseaux et que ceux-ci le comprenaient, et venaient se frotter contre lui sans aucune peur.

10. (__) Je suis parti tôt le matin pour rendre visite à mon ami M. Dubourg, en passant par le petit sentier, le long du ruisseau.

→ Voir corrigés, page 76

2) Mettez les verbes entre parenthèses aux temps indiqués.

Je (devoir – *imparfait*)_____ pourtant continuer mon chemin car la nuit (arriver – *imparfait*) _____. J' (demander – *passé composé*) _____ à Baptiste d'accepter que je lui offre ma montre en argent, mais il m' (répondre – *passé composé*) _____ que le soleil lui (suffire – *imparfait*) _____ et qu'il n'en (avoir – *imparfait*) _____ pas besoin. J' (aller, *imparfait*) _____ insister lorsque j'(voir, *passé composé*) _____ deux cavaliers qui (s'approcher, *imparfait*) _____ de nous. L'un deux m' (appeler, *passé composé*) _____ par mon nom d'un ton joyeux. Je le (connaitre, *passé composé*) _____ bien : c'(être, *imparfait*) _____ le conseiller et fidèle ami de mon cher Dubourg depuis des années.

→ Voir corrigés, page 76

3) Associez les personnages (Baptiste : 1 – Rosalie : 2 – le narrateur : 3) aux adjectifs qui leur correspondent.

– Belle	1❏ 2❏ 3❏
– Fou	1❏ 2❏ 3❏
– Ému	1❏ 2❏ 3❏
– Triste	1❏ 2❏ 3❏
– Rêveur	1❏ 2❏ 3❏
– Méditatif	1❏ 2❏ 3❏
– Matinal	1❏ 2❏ 3❏
– Gentille	1❏ 2❏ 3❏

- Généreuse   1❏ 2❏ 3❏
- Amoureux   1❏ 2❏ 3❏

→ Voir corrigés, page 76

Exercices sur *Lidivine*

1) Dites si les affirmations suivantes sont vraies (V) ou fausses (F).

	V	F
1. L'histoire se déroule au début du XXe siècle.	❏	❏
2. La vie dans la prison où se trouve le narrateur est très difficile.	❏	❏
3. Le geôlier et la geôlière étaient des personnes agréables avec les prisonniers.	❏	❏
4. Lidivine était toujours habillée en noir.	❏	❏
5. Pierre était souvent fatigué car il travaillait beaucoup.	❏	❏
6. Les prisonniers étaient heureux quand Pierre les saluait le matin.	❏	❏
7. Nicolas était un garde très méchant et violent.	❏	❏
8. Pierre et Lidivine étaient eux aussi des prisonniers de la prison.	❏	❏
9. Toute la famille de Pierre et Lidivine avait réussi à s'échapper du cachot.	❏	❏
10. Pierre, en sortant de prison, voulait essayer de devenir prêtre.	❏	❏

→ Voir corrigés, page 76

2) Associez les personnages aux adjectifs qui leur correspondent.

	Lidivine	Pierre	Nicolas	Le geôlier et sa femme	Le narrateur
Pâle					
Blond					
Maigre					
De santé fragile					
Infatigable					
Timide					
Gros, grand et fort					
Gentils					
Ému					
Courageux					
Surpris					
Heureux					
Généreuse					
Doux comme un agneau					
Souriant					
Toujours de bonne humeur					
Vieille					
Jeune					

→ Voir corrigés, page 76

3) Conjuguez les verbes entre parenthèse à l'imparfait.

Lidivine (avoir) _____ 78 ans mais elle (sembler) _____ n'en avoir que cinquante. Elle (porter) _____ souvent un petit tablier blanc et une jupe noire très simple. Elle (être) _____ maigre, un peu pâle : elle (avoir) _____ dû être très belle quand elle (être) _____ jeune. Elle (calmer) _____, (rassurer) _____, (tranquilliser) _____ chacun d'entre nous. Elle (travailler) _____ toujours avec son petit-fils, Pierre. C'(être) un beau jeune homme de vingt-trois ans, de santé fragile mais infatigable, patient, courageux et toujours souriant. Quand Pierre (entrer) _____ dans notre chambre le matin, c'(être) un vrai bonheur. Son bonjour nous (remplir) _____ de joie pour toute la journée.

→ Voir corrigés, page 76

Exercices sur *Trésor des Fèves et Fleur des Pois*

1) Complétez avec les articles (définis, indéfinis ou partitifs) qui conviennent.

Il y avait _____ grand musée à l'intérieur du château avec de nombreux tableaux et du matériel pour artiste : _____ peinture à l'huile, _____ aquarelle, _____ crayons et _____ pinceaux. Il y avait aussi _____ médailles, _____ insectes et _____ coquillages. Dans _____ immense bibliothèque, on pouvait trouver _____ livres fascinants, tous plus intéressants _____ uns que _____ autres. Ce qu'il y avait de plus utile dans les sciences humaines et de plus passionnant en littérature s'y trouvait : _____ contes de fées, _____ récits de voyage, _____ poésie, _____ philosophie. Il y avait aussi dans le palais _____ grande salle remplie d'instruments de musique et de partitions pour chacun des instruments qui s'y trouvaient. On pouvait y apprendre à jouer _____ piano, _____ flûte et _____ hautbois, _____ violon et _____ violoncelle bien sûr, _____ guitare, _____ harpe, _____ percussions… Un vrai trésor !

→ Voir corrigés, page 76

2) Conjuguez les verbes entre parenthèses au présent de l'indicatif.

Trésor des Fèves (décider) _____ tout de suite de se mettre à faire l'inventaire de toutes les merveilles de son château… Alors qu'il (être) _____ à l'ouvrage, il (voir) _____ son image dans un miroir : on aurait dit qu'il avait grandi de plus de trois pieds depuis la veille… Lui qui était si petit auparavant, maintenant il (avoir) _____ l'air d'un beau jeune homme avec une fine moustache brune sur la lèvre supérieure. En regardant un calendrier qui (se trouve) _____ dans la bibliothèque, il (se rendre) _____ compte qu'il a réellement vieilli de six ans.

– Six ans, malheur ! Et mes pauvres parents qui m'attendent, ils (devoir) _____ être morts de tristesse ! Ils auront pensé que je les ai abandonnés…

Trésor des Fèves est vraiment très triste et il (se mettre) _____ à pleurer. Il (sortir) _____ du château en courant et (marcher) _____ dans les plaines aux alentours, sans faire attention où il (aller) _____.

Désespéré, Trésor des Fèves (prendre) _____ le dernier petit pois vert que lui a donné la princesse, le (jeter) _____ de toutes ses forces par terre et (s'écrouler) _____ sous l'effet de l'accablement et de la douleur.

→ Voir corrigés, page 77

Exercices sur *Les quatre talismans*

1) Dites si les affirmations suivantes sont vraies (V) ou fausses (F).

	V	F
1. Le génie de la montagne a de beaux yeux.	❏	❏
2. La belle-mère des quatre frères est une femme perfide et avare.	❏	❏
3. Les trois frères décident de partager les cadeaux du génie avec Ebid, le plus petit, qui dort toujours dans la forêt.	❏	❏
4. Douban reçoit l'amulette qui lui permet de trouver de l'or partout où il va.	❏	❏

5. Douban propose à la troupe de marchands de leur donner un tiers de tout l'or qu'il trouve, s'ils l'aident à creuser le sol. ❏ ❏
6. Les marchands frappent Douban à coup de fouet. ❏ ❏
7. Le scheick Abou Bedil n'aime qu'une seule chose : cultiver ses roses, ses fruits et ses légumes. ❏ ❏
8. Le grand vizir confisque tous les biens de Douban. ❏ ❏
9. Le grand vizir a un mandat d'arrêt à la main. ❏ ❏
10. Douban passe quarante ans dans un cachot. ❏ ❏
11. Mahoud est un beau et grand jeune homme. ❏ ❏
12. Zénaïb est la princesse de Géorgie. ❏ ❏
13. En ville, Mahoud ouvre lui aussi un négoce d'esclaves. ❏ ❏
14. Boudroubougoul a trahi Zénaïb en avertissant le roi de l'arrivée de Mahoud. ❏ ❏
15. Le roi donne un petit château à Boudroubougoul comme cadeau de mariage. ❏ ❏
16. Boudroubougoul vole l'amulette de Mahoud au moment où il prend son bain. ❏ ❏
17. Boudroubougoul casse l'amulette en mille morceaux. ❏ ❏
18. C'est Mahoud qui tue le scheick Abou Bedil pour lui voler son or. ❏ ❏
19. À la fin, Mahoud apprend un métier. ❏ ❏

20. Pilouz réussit à guérir le conseiller du roi blessé à la chasse. ❏ ❏
21. Au Caire, Pilouz devient grand vizir. ❏ ❏
22. Les questions du tribunal de médecins qui jugent Pilouz sont très judicieuses et intelligentes. ❏ ❏
23. Pilouz reste en prison pendant dix ans. ❏ ❏
24. Le médecin du roi est jaloux de Pilouz. ❏ ❏
25. Les pouvoirs de l'amulette peuvent être transmis d'une personne à une autre. ❏ ❏
26. Ebid a reçu lui aussi un talisman de la part du génie de la forêt. ❏ ❏
27. Il y avait une scie, du fil et une aiguille dans le sac. ❏ ❏
28. Ebid devient très habile et manie les outils avec beaucoup de dextérité. ❏ ❏
29. Ebid devient porteur de charges lourdes pour gagner sa vie en ville. ❏ ❏
30. Ebid épouse la fille d'un riche manufacturier et fait fortune honnêtement. ❏ ❏

→ Voir corrigés, page 77

2) Relisez la description de Boudroubougoul et complétez avec l'adjectif approprié.

J'ai entendu des pas près de moi et une voix _____ qui m'appelait sur le pas de la porte. Quand j'ai ouvert la porte, j'ai vu la plus _____ des petites vieilles. Elle était grosse, _____ et _____.
Son visage était _____ et tout gonflé, ses yeux avaient une expression _____ et

_____, son nez était crochu, ses lèvres étaient pleines de verrues et souriaient d'un air _____. Quand elle m'a vu, l'expression de son _____ visage a changé et elle s'est mise à parler d'une voix _____, qu'elle cherchait à rendre douce ; hélas, j'ai compris qu'elle était elle aussi tombée _____ de moi.

→ Voir corrigés, page 77

3) Voici les conseils qu'Abou Bedil donne à Douban après l'avoir soigné. Conjuguez le verbe entre parenthèses à l'impératif.

(Essayer) _____ d'apprendre un métier ! (Être) _____ miséricordieux et généreux avec tout le monde ! (Ne pas s'occuper) _____ des affaires publiques et de la politique ! (Ne pas accorder) _____ trop de valeur à l'argent et aux richesses matérielles ! (Trouver) _____ une femme qui t'aime et que tu aimes ! (Cultiver) _____ tes passions comme un jardin précieux. (Soigner) _____ ta famille et tes amis ! (S'occuper de) _____ tes enfants ! (Faire) _____ la paix avec tes ennemis, et tu vivras heureux.

→ Voir corrigés, page 77

4) Relisez l'*Histoire d'Ebid le bienfaisant* et complétez avec les prépositions ou adverbes corrects.

Sur ces mots, le génie est parti en me caressant la tête _____ la main, et j'ai regardé _____ le sac. Il était _____ d'outils dont je ne connaissais pas l'usage, mais que j'ai regardés _____ curiosité. Je suis parti _____ une direction au hasard, _____ avoir bien équilibré _____ mes deux épaules le sac de provisions et le sac que m'avait donné le génie. Quand mes provisions se sont épuisées, j'ai cueilli des fruits et des céréales _____ à un des outils que j'avais trouvés _____ du sac. La nuit, _____ me protéger _____ les bêtes sauvages, j'ai coupé des morceaux de bois _____ une scie qui se trouvait dans le sac et les ai liés _____ eux. Je les ai mis les uns _____ les autres pour construire une cabane. J'ai cousu et raccommodé des vêtements _____ du fil et une grosse aiguille pris aussi _____ le sac.

→ Voir corrigés, page 77

Corrigés

Les aveugles de Chamouny
1) 1.F • 2.V • 3.F • 4.V • 5.F • 6.F • 7.V • 8.V • 9.F • 10.F

2) A.1 • B.3 • C.2 • D.2 • E.3 • F.1/2 • G.1 • H.1/3 • I.3

3) à rayer : fidèle en amour, franche, casanière, artiste, grande lectrice, grossière, blonde

Paul ou la ressemblance
1) demandait • j'étais • cherchait • j'avais • devais • pouvais • arrivais • recherchait • appartenaient • avait nourri • avait élevé • avait réchauffé • avait pleuré • voulais • pouviez • justifiait • pouvais • valait

2) La vieille dame a une figure noble et douce, une chevelure blanche mais fournie et une attitude très respectueuse. Elle porte une longue veste grise en laine bien chaude, une cravate, une casquette noire et de belles chaussures en cuir. Elle semble inquiète, très attristée et mélancolique.

3) 1.F • 2.F • 3.V • 4.F • 5.V • 6.V • 7.V • 8.F • 9.V • 10.F

4) Le • sur • à • sur • est • Comme • pour • qui • au milieu • assis • assez • de la

Baptiste Montauban
1) 10 • 8 • 6 • 2 • 5 • 4 • 9 • 1 • 3 • 7

2) devais • arrivait • j'ai demandé • m'a répondu • suffisait • avait • allais • j'ai vu • s'approchaient • m'a appelé • connaissais • c'était

3) (1) : triste • rêveur • amoureux • fou • méditatif ; (2) : belle • gentille • généreuse ; (3) : ému • matinal • méditatif

Lidivine
1) 1.F • 2.F • 3.V • 4.F • 5.F • 6.V • 7.F • 8.V • 9.F • 10.F

2) Lidivine : pâle • maigre • vieille • généreuse • toujours de bonne humeur ; Pierre : blond • infatigable • toujours de bonne humeur • jeune • de santé fragile • souriant • heureux • courageux • timide ; Le geôlier et sa femme : gentils ; Le narrateur : ému

3) avait • semblait • portait • était • avait • était • calmait • rassurait • tranquillisait • travaillait • C'était • entrait • était • remplissait

Trésor des Fèves et Fleur des Pois
1) un • de la • de l' • des • des • des • des • des • l' • des • les • les • des • des • de la • de la • une • du • de la • du • du • du • de la • de la • des

2) décide • est • voit • a • se trouve • se rend • doivent • se met • sort • marche • va • prend • jette • s'écroule

Les quatre talismans
1) 1.F • 2.V • 3.F • 4.V • 5.F • 6.F • 7.V • 8.V • 9.V • 10.F • 11.F • 12.V • 13.F • 14.V • 15.F • 16.F • 17.F • 18.F • 19.F • 20.V • 21.F • 22.F • 23.F • 24.V • 25.F • 26.F • 27.V • 28.V • 29.V • 30.V

2) désagréable • hideuse • difforme • sale • ridé • perfide • mauvaise • fourbe • méchant • mielleuse • amoureuse

3) Essaie • Sois • Ne t'occupe pas • N'accorde pas • Trouve • Cultive • Soigne • Occupe-toi de • Fais

4) avec • dans • plein • par • dans • après • sur • grâce • à l'intérieur • pour • contre • avec • entre • contre • avec • dans

PORTFOLIO

Cochez la case qui correspond le mieux à vos connaissances. ☺ 😐 ☹

Pour la **COMPRÉHENSION ORALE** je sais :
- Écouter l'extrait d'un conte et le comprendre de façon globale et détaillée. ❏ ❏ ❏

Pour la **COMPRÉHENSION ÉCRITE** je sais :
- Comprendre un récit et des dialogues à partir de tests Vrai / Faux (p. 59, 62, 66, 70). ❏ ❏ ❏
- Remettre une histoire en ordre chronologique (p. 63). ❏ ❏ ❏

Pour les **ACTES DE PAROLE** je sais :
- Raconter une histoire à un ami (p. 60). ❏ ❏ ❏
- Donner des conseils (p. 73). ❏ ❏ ❏

Pour le **LEXIQUE** je sais :
- Caractériser les personnages de l'histoire (p. 72). ❏ ❏ ❏
- Choisir dans une liste les adjectifs les plus adaptés aux personnages (p. 59, 60, 65, 67). ❏ ❏ ❏

Pour la **GRAMMAIRE** je sais :
- Accorder les adjectifs au féminin et au pluriel (p. 61). ❏ ❏ ❏
- Conjuguer des verbes à tous les temps de l'indicatif (p. 60, 65, 69, 73). ❏ ❏ ❏
- Manipuler les différents types de prépositions et certains adverbes (p. 62, 73). ❏ ❏ ❏
- Employer les articles déterminés, indéterminés et partitifs (p. 68). ❏ ❏ ❏

• LECTEURS EN HERBE • EN COULEURS 🎧 •

Béril	ASTRELIX DANS L'ESPACE
Garden	UNE AVENTURE DANS LE JARDIN
Hoffmann	PIERRE L'ÉBOURIFFÉ
Lutun	ZAZAR
Moulin	LE COMTE DRACULA
Moulin	NESSIE LE MONSTRE
Moulin	ROBIN DES BOIS
Vincent	LA FAMILLE FANTOMAS
Lutun	ZAZAR ET LE COQUILLAGE
Lutun	ZAZAR ET LE RENARD
Martin	HALLOWEEN
Martin	BROB LE BRONTOSAURE

• PREMIÈRES LECTURES •

Aublin	LE RIFIFI
Aublin	MERLIN L'ENCHANTEUR
Aublin	SCARAMOUCHE
Avi	LE TITANIC
Brunhoff	L'ÉLÉPHANT BABAR
Busch	MAX ET MAURICE
Cabline	VERCINGÉTORIX
Capatti	JOUEZ avec la GRAMMAIRE FRANÇAISE
Daudet	LA CHÈVRE DE M. SÉGUIN
Dumas	LES TROIS MOUSQUETAIRES
Dutrois	L'ACCIDENT !
Dutrois	OÙ EST L'OR ?
Germain	LE PETIT DRAGON
Gilli	MÉDOR ET LES PETITS VOYOUS
Grimm	CENDRILLON
Grimm	LES GNOMES
Hutin	LA MAISON DES HORREURS
Hutin	LE PAPILLON
La Fontaine	LE LIÈVRE ET LA TORTUE
Leroy	LES AVENTURES D'HERCULE
Les 1001 Nuits	ALI BABA ET LES 40 VOLEURS
Messina	LE BATEAU-MOUCHE
Perrault	LE PETIT CHAPERON ROUGE
Stoker	DRACULA

• PREMIÈRES LECTURES 🎧 •
SÉLECTION

	SHÉHÉRAZADE ET LES CONTES...
Andersen	LES HABITS DE L'EMPEREUR
Flotbleu	D'ARTAGNAN
Grimm	HANSEL ET GRETEL
Hugo	LE BOSSU DE NOTRE-DAME
Laurent	POCAHONTAS
Pellier	LE VAMPIRE GOGO
Pergaud	LA GUERRE DES BOUTONS
Renard	POIL DE CAROTTE
Rabelais	GARGANTUA ET PANTAGRUEL
Sand	LA PETITE FADETTE
Stoker	DRACULA

• LECTURES TRÈS FACILITÉES •

Aublin	FRANKENSTEIN contre DRACULA
Avi	LE COMMISSAIRE
Avi	LE TRIANGLE DES BERMUDES
Cabline	NAPOLÉON BONAPARTE
Capatti	JOUEZ avec la GRAMMAIRE FRANÇAISE
Cavalier	LES MÉSAVENTURES DE RENART
Ducrouet	NUIT DE NOËL
Géren	LE BATEAU VIKING
Géren	LE MONSTRE DES GALAPAGOS
Germain	LE VAMPIRE
Gilli	UN CŒUR D'ENFANT
Gilli	PARIS-MARSEILLE VOYAGE EN T.G.V.
Hémant	MARIE CURIE
Hutin	CARTOUCHE
Hutin	LE MYSTÈRE DE LA TOUR EIFFEL
Laurent	UN VOLONTAIRE DANS L'ESPACE
Leroy	ANACONDA, LE SERPENT QUI TUE
Mass	LA CHASSE AU TRÉSOR
Mass	OÙ EST L'ARCHE DE NOÉ?
Mérimée	LA VÉNUS D'ILLE
Messina	GRISBI

• LECTURES TRÈS FACILITÉES 🎧 •
SÉLECTION

Arnoux	BONNIE ET CLYDE • FUITE D'ALCATRAZ
Aublin • Wallace	SISSI • BEN HUR
Balzac	LE PÈRE GORIOT
Dubois	CONTES ET LÉGENDES DE PROVENCE
Dumas	LE COMTE DE MONTE-CRISTO
Germain • Saino	HALLOWEEN • LE MASQUE
Hoffmann	PIERRE L'ÉBOURIFFÉ
Hutin	LES COPAINS
Pellier	LE REQUIN • HISTOIRES FANTÔMES
Ségur	LES MALHEURS DE SOPHIE
Sennbault	MEURTRE SUR LA CROISETTE
Verne	L'ÎLE MYSTÉRIEUSE

• LECTURES FACILITÉES •
SÉLECTION

Beaumont	LA BELLE ET LA BÊTE
Capatti	JOUEZ avec la GRAMMAIRE FRANÇAISE
Dumas	LES TROIS MOUSQUETAIRES
Flaubert	MADAME BOVARY
Forsce	JACK L'ÉVENTREUR
Giraud	L'HISTOIRE D'ANNE FRANK
Juge	JEANNE D'ARC
Malot	SANS FAMILLE

Martini	LA CHANSON DE ROLAND
Martini	LE ROMAN DE RENART
Maupassant	BOULE DE SUIF
Maupassant	UNE VIE
Mercier	CONTES D'AFRIQUE
Mercier	L'AFFAIRE DREYFUS
Molière	LE MALADE IMAGINAIRE
Pergaud	LA GUERRE DES BOUTONS
Perrault	LE CHAT BOTTÉ
Rabelais	GARGANTUA ET PANTAGRUEL
Radiguet	LE DIABLE AU CORPS
Renard	POIL DE CAROTTE
Rostand	CYRANO DE BERGERAC
Sand	LA MARE AU DIABLE
Sand	LA PETITE FADETTE
Ségur	MÉMOIRES D'UN ÂNE
Troyes	PERCEVAL
Verne	DE LA TERRE À LA LUNE
Verne	LE TOUR DU MONDE EN 80 JOURS
Verne	20 000 LIEUES SOUS LES MERS

• LECTURES FACILITÉES 🎧 •

Beaumarchais • Fraiche	FIGARO • ROBESPIERRE
Beaum • Hugo	BARBIER SÉVILLE • MISÉRABLES
Dix	PARIS BRÛLE !
Dunsien	LA GUERRE D'INDOCHINE
Forsce	RICHARD CŒUR DE LION
Fraiche	CHARLEMAGNE
Gautier	LE ROMAN DE LA MOMIE
Huysmans	À REBOURS
Loti • Messina	PÊCHEUR • JOCONDE
Mercier • Renard	CONTES • POIL DE CAROTTE
Molière	TARTUFFE
Parfait	MON ONCLE LE COMMISSAIRE
Saino • Juge	ORIENT EXPRESS • ANDES
Ségur • Pergaud	MÉMOIRES ÂNE • GUERRE BOUTONS
Voltaire	CANDIDE

• LECTURES SANS FRONTIÈRES 🎧 •

Balzac	LE PÈRE GORIOT
Béguin	AMISTAD
Béguin (SANS CD)	JOUEZ avec la GRAMMAIRE
Combat	HALLOWEEN
Conedy	COCO CHANEL
Diderot	JACQUES LE FATALISTE
Dumas	LA DAME AUX CAMÉLIAS
Flaubert	L'ÉDUCATION SENTIMENTALE
Flaubert	MADAME BOVARY
France	LE LIVRE DE MON AMI
Hugo	LES MISÉRABLES
Hugo	NOTRE-DAME DE PARIS
Izougoud	JACK L'ÉVENTREUR
Maupassant	BEL-AMI
Messina	JEANNE D'ARC
Messina	MATA HARI
Messina	NAPOLÉON. L'HISTOIRE D'UNE VIE
Molière	L'ÉCOLE DES FEMMES
Molière	LE MISANTHROPE
Nodier	CONTES FANTASTIQUES
Proust	UN AMOUR DE SWANN
Sampeur	RAPA NUI
Stendhal	LE ROUGE ET LE NOIR
Térieur	LE TRIANGLE DES BERMUDES
Zola	GERMINAL
Zola	THÉRÈSE RAQUIN

• AMÉLIORE TON FRANÇAIS •
SÉLECTION

Alain-Fournier	LE GRAND MEAULNES
Anouilh	BECKET
Balzac	L'AUBERGE ROUGE
Balzac	L'ÉLIXIR DE LONGUE VIE
Baudelaire	LA FANFARLO
Corneille	LE CID
Daudet	LETTRES DE MON MOULIN
Duras	AGATHA
Flaubert	🎧 UN CŒUR SIMPLE
Gautier	LA MORTE AMOUREUSE
Hugo	Le DERNIER JOUR d'un CONDAMNÉ
La Fontaine	FABLES
Maupassant	MADEMOISELLE FIFI
Molière	L'AVARE
Molière	TARTUFFE
Molière	LES PRÉCIEUSES RIDICULES
Perrault	🎧 CONTES
Prévost	MANON LESCAUT
Rousseau	RÊVERIES DU PROMENEUR SOLITAIRE
Simenon	LES 13 ÉNIGMES
Stendhal	🎧 HISTOIRES D'AMOUR
Voltaire	MICROMÉGAS

• CLASSIQUES DE POCHE •

Baudelaire	🎧 LE SPLEEN DE PARIS
Constant	ADOLPHE
Duras	L'AMANT
Hugo	🎧 LA LÉGENDE DU BEAU PÉCOPIN
La Fayette	🎧 LA PRINCESSE DE CLÈVES
Maupassant	CONTES FANTASTIQUES
Pascal	PENSÉES
Proust	🎧 VIOLANTE OU LA MONDANITÉ
Racine	PHÈDRE
Sagan	BONJOUR TRISTESSE
Simenon	L'AMOUREUX DE MME MAIGRET
Voltaire	🎧 CANDIDE